应用型本科汽车类专业系列教材

U0366633

智能网联汽车技术原理
与应用（彩色版）

主　编　程增木　杨胜兵
副主编　时培成　傅　惠
　　　　　　程　鸣　柯泽浚

教学资源总目录

机械工业出版社

《智能网联汽车技术原理与应用》是一本面向应用型本科教育的教材，全书紧密围绕智能网联汽车的技术架构、传感器及通信技术、辅助驾驶技术、环境感知、决策规划、运行控制等技术进行编写。全书共分为九章，分别介绍了智能网联汽车及相关技术概念、智能网联汽车电子电气架构和域控制器技术、智能网联汽车专用传感器技术原理与应用、智能网联汽车无线通信技术原理与应用、智能网联汽车辅助驾驶系统原理与应用、智能网联汽车环境感知技术原理与应用、智能网联汽车定位导航技术原理与应用、智能网联汽车路径规划技术原理与应用、车联网技术原理与应用。

　　本书可用于应用型本科和高职高专汽车相关专业及智能汽车技术专业的学习教材，也可作为汽车售后服务企业一线技术人员及相关人员的学习用书。

　　为了方便学习，本书配有电子课件，教师可登录 www.cmpedu.com 以教师身份注册、下载，或电话咨询 010 - 88379674。

图书在版编目（CIP）数据

智能网联汽车技术原理与应用：彩色版／程增木，
杨胜兵主编. —北京：机械工业出版社，2022.3（2023.8 重印）
应用型本科汽车类专业系列教材
ISBN 978 - 7 - 111 - 70269 - 6

Ⅰ.①智…　Ⅱ.①程…②杨…　Ⅲ.①汽车-智能通
信网-高等学校-教材　Ⅳ.①U463.67

中国版本图书馆 CIP 数据核字（2022）第 035322 号

机械工业出版社（北京市百万庄大街 22 号　邮政编码 100037）
策划编辑：齐福江　　　　　　　　责任编辑：齐福江
责任校对：陈　越　王明欣　　　　封面设计：王　旭
责任印制：李　昂
北京中科印刷有限公司印刷

2023 年 8 月第 1 版·第 2 次印刷
184mm × 260mm · 13.25 印张·258 千字
标准书号：ISBN 978 - 7 - 111 - 70269 - 6
定价：65.00 元

电话服务	网络服务
客服电话：010 - 88361066	机　工　官　网：www.cmpbook.com
010 - 88379833	机　工　官　博：weibo.com/cmp1952
010 - 68326294	金　书　网：www.golden-book.com
封底无防伪标均为盗版	机工教育服务网：www.cmpedu.com

本书编委会

主任委员 邓伟文　北京航空航天大学 国家特聘专家

副主任委员 程增木　上汽集团高级技术专家 高级工程师

杨胜兵　武汉理工大学 副教授

丁　娟　嘉兴南湖学院 教授

齐福江　机械工业出版社 编审

委　　员 朱明荣　中国人才研究会汽车人才专业委员会 理事长

王　莹　吉林大学 副教授

李祥明　浙江天行健智能科技有限公司 总经理

张炳力　合肥工业大学 教授

刘　明　香港科技大学 教授

谷俊丽　美国 Stealth Mode 公司 联合创始人

冯　津　广东合赢教育科技股份有限公司 董事长

特别顾问 陈学文　广州汽车集团股份有限公司汽车工程研究院
首席科学家

前　言

2017 年，工业和信息化部、国家发展改革委、科技部联合发布了《汽车产业中长期发展规划》，提出将智能网联汽车作为我国汽车产业转型升级的重要突破口。这一纲领性文件，成为未来至少十年时间内指导中国汽车工业转型的基础性文件。未来我国汽车产业发展的基本特征是汽车产品加快向电动化、智能化、网联化、共享化的"新四化"方向发展。

2018 年 12 月 25 日，工业和信息化部印发了《车联网（智能网联汽车）产业发展行动计划》，提出以融合发展为主线，充分发挥我国的产业优势，优化政策环境，加强跨行业合作，突破关键技术，夯实跨产业基础，推动形成深度融合、创新活跃、安全可信、竞争力强的车联网产业新生态。车联网（智能网联汽车）产业是汽车、电子、信息通信、道路交通运输等行业深度融合的新型产业形态。发展车联网产业，有利于提升汽车网联化、智能化水平，实现自动驾驶，发展智能交通，促进信息消费，对我国推进供给侧结构性改革、推动制造强国和网络强国建设、实现高质量发展具有重要意义。

本书全面系统地讲解了智能网联汽车的相关技术概念、原理及应用，全书共分为九章。第一章介绍了智能网联汽车的相关概念、系统构成、系统分级、发展现况、关键技术和中国智能网联汽车的发展目标。第二章介绍了智能网联汽车的技术架构，主要包括智能网联汽车整车电子电气架构及域控制器技术。第三章介绍了智能网联汽车专用传感器技术，主要包括超声波传感器、毫米波雷达、激光雷达、视觉传感器、GPS/北斗导航系统、惯性测量单元和 4D 毫米波雷达技术。第四章介绍了无线通信技术的定义和分类，并介绍了当前应用于智能网联汽车的 4G 技术、蓝牙技术、Wi-Fi 技术、IrDA 技术、RFID 技术、NFC 技术和 OTA 技术。第五章介绍了先进驾驶辅助系统的定义及类型、前向碰撞预警、自适应巡航控制、车道偏离预警系统、车道保持辅助系统、车道跟随辅助系统、车辆盲区监测系统、车辆自适应前照明系统、智能泊车辅助系统、驾驶员注意力提示系统、后方交通穿行提示系统、基于导航的自适应巡航系统。第六章介绍了智能网联汽车的环境感知技术，包括道路识别技术、行人检测技术、车辆检测技术、交通信号灯识别技术和交通标志识别技术。第七章介绍了智能网联汽车的定位导航技术，包括 GPS/DR 组合定位技术和同步定位与建图技术。第八章介绍了智能网联汽车的路径规划技术，主要包括智能网联汽车路径规划概述、智能网联汽车地图的种类、基于栅格地图的 A* 算法优化。第九章介绍了智能网联汽车的 V2X 技术，主要包括车联网的发展及分类、V2X 相关技术等内容。

PanoSim 是一款面向汽车自动驾驶技术与产品研发的一体化仿真与测试平台，包括高精度车辆动力学模型、高逼真汽车行驶环境与交通模型、车载环境传感器模型和丰富的测试场景等，以及面向汽车自动驾驶软硬件开发的场景及交通流构建、车辆建模、环境传感器构建、虚拟实验台、动画与绘图等系列工具链，具有很强的开放性与拓展性，支持第三方的二次定制化开发，操作简便友好。

官方网站　　　　　　　　　　　　　　　申请试用

联系电话： 0573 – 82835039　　　　**技术支持：** tech@ PanoSim. com

本书由程增木、杨胜兵任主编，其中第一章、第三章～第七章由程增木编写，第二章、第八章和第九章由杨胜兵编写，时培成、傅惠、程鸣、柯泽浚任副主编，参编人员有：袁泉、吴佳俊、闫国富、王超、张风奇、严运兵、雷洪钧、贺德强、刘丛志、金凤波、婉茹、聂金泉、李强、邢恩辉、孙方红、艾亮、邢世雄、程广伟、郭荣春、张坤、蔡元兵、武光华、徐涛、袁牧、严锐、杨帆、高原红、贾建波、杨建军、杨程万里、徐爱民、周发涛、彭传波、杨爱喜、王俊、熊建、郭广阔、杨栋、陆俊、喻钦涛、陈华、虞永义、周晓萌、马琛、何育军。

本书得到汽车新技术安徽省工程技术研究中心 2020 年度中心开放基金项目 QCKJ202004（智能汽车整车域控制器的大数据架构诊断）支持。

由于编者水平有限，书中难免有不足之处，敬请读者朋友们批评指正。

编　者

目 录

前 言

01

第一章
智能网联汽车及相关技术概念

一、智能网联汽车的相关概念

1. 无人驾驶汽车

无人驾驶汽车（Self-Driving Vehicle）是通过车载环境感知系统感知道路环境、自动规划和识别行车路线并控制车辆到达预定目的地的智能汽车。它是利用环境感知系统来感知车辆周围环境，并根据感知所获得的道路状况、车辆位置和障碍物信息等，控制车辆的行驶方向和速度，从而使车辆能够安全、可靠地在道路上行驶。无人驾驶汽车是传感器、计算机、人工智能、无线通信、导航定位、模式识别、机器视觉、智能控制等各种先进技术融合的综合体。与一般的智能汽车相比，无人驾驶汽车需要具有更先进的环境感知系统、中央决策系统以及底层控制系统。无人驾驶汽车能够实现完全自动的控制、全程检测交通环境，能够实现所有的驾驶目标。驾驶员只需提供目的地或者输入导航信息，在任何时候均不需要对车辆进行操控。无人驾驶汽车是汽车智能化、网络化的终极发展目标。百度无人驾驶微循环车"阿波龙"如图 1-1 所示。

图 1-1　百度无人驾驶微循环车"阿波龙"

2. 车联网

车联网（Internet of Vehicle，IOV）是以车内网、车际网和车载移动互联网为基础，按照约定的体系架构及其通信协议和数据交互标准，实现 V2X（V 代表汽车，X 代表车、路、行人及应用平台等）无线通信和信息交换，以实现智能化交通管理、智能动态信息服务和车辆智能化控制的一体化网络。它是物联网技术在智能交通系统领域的延伸。车内网是指通过应用成熟的总线技术建立一个标准化的整车网络；车际网是指基于特定无线局域网络的动态网络；车载移动互联网是指车载单元通过 4G/5G 等通信技术与互联网进行无线连接，三网融合是车联网的发展趋势。车联网技术主要面向道路交通，为交通管理者提供决策支持，为车辆与车辆、车辆与道路提供协同控制，为交通参与者提供信息服务。车联网是智能交通系统与互联网技术发展相融合的产物，是智能交通系统的重要组成部分，更多表现在汽车基于现实中的场景应用，目前主要停留在导航和娱乐系统的基础功能阶段。车联网技术示意图如图 1-2 所示。

图 1-2　车联网技术示意图

3. 智能网联汽车

智能网联汽车（Intelligent Connected Vehicle，ICV）是一种跨技术、跨产业领域的新兴汽车体系，从不同角度、不同背景对它的理解是有差异的，各国对智能网联汽车的定义不同，叫法也不尽相同，但终极目标是一样的，即可上路安全行驶的无人驾驶汽车。

从狭义上讲，智能网联汽车是搭载先进的车载传感器、控制器、执行器等装置，并融合现代通信与网络技术，实现 V2X 智能信息交换共享，具备复杂的环境感知、智能决策、协同控制和执行等功能，可实现安全、舒适、节能、高效行驶，并最终可替代人来操作的新一代汽车。智能网联汽车概念示意图如图 1-3 所示。

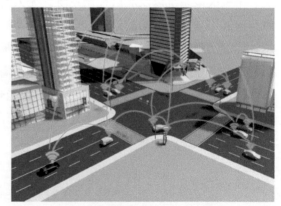

图 1-3　智能网联汽车概念示意图

4. 智能交通系统

智能交通系统（Intelligent Traffic System，ITS）是未来交通系统的发展方向，它是将先进的信息技术、计算机处理技术、数据通信技术、传感器技术、电子控制技术、运筹学、人工智能等有效地集成运用于整个地面交通管理系统而建立的一种在大范围内全方位发挥作用的，实时、准确、高效的综合交通运输管理系统。智能交通系统概念示意图如图 1-4 所示。

图 1-4　智能交通系统概念示意图

二、智能网联汽车的系统构成

智能网联汽车主要由 3 个层次组成，分别是环境感知层、智能决策层以及控制和执行层。其系统构成图如图 1-5 所示。

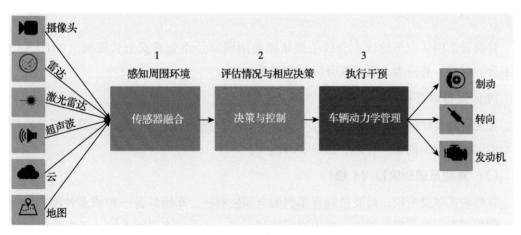

图 1-5　智能网联汽车的系统构成图

1. 环境感知层

环境感知层的主要功能是通过车载环境感知技术、卫星定位技术、4G/5G 及 V2X 无线通信技术等，实现对车辆自身属性和车辆外在属性（如道路、车辆和行人等）的静、动态信息的提取和收集，并向智能决策层输送信息。在环境感知层使用的传感器包括车轮转速传感器、加速度传感器、微机械陀螺仪、转向盘转角传感器、超声波传感器、激光雷达、毫米波雷达、视觉传感器等，通过这些传感器来感知车辆行驶速度、行驶方向、运动姿态、道路交通情况。定位技术主要使用 GPS、北斗卫星导航系统以及云技术。

2. 智能决策层

智能决策层的主要功能是接收环境感知层的信息并进行融合，对道路、车辆、行人、交通标志和交通信号等进行识别，决策分析和判断车辆驾驶模式和将要执行的操作，并向控制和执行层输送指令。

3. 控制和执行层

控制和执行层的主要功能是按照智能决策层的指令，对车辆进行操作和协同控制，并为联网汽车提供道路交通信息、安全信息、娱乐信息、救援信息以及商务办公、网上消费等，保障汽车安全行驶和舒适驾驶。

三、智能网联汽车的分级

1. NHTSA 分级

目前智能网联汽车的技术分级主要依据美国国家公路交通安全管理局（NHTSA）的技术分类标准，共分为 5 级。其分级标准见表 1–1。

（1）无自动驾驶阶段（0 级）

在无自动驾驶阶段，驾驶员拥有车辆的全部控制权，在任何时刻，驾驶员都单独控制汽车的运动，包括制动、转向、加速和减速等。

（2）驾驶员辅助阶段（1 级）

在驾驶员辅助阶段，驾驶员拥有车辆的全部控制权。车辆具备一种或多种辅助控制技术，例如倒车影像与倒车雷达、电子稳定控制系统、车道偏离报警系统、正面碰撞预警系统、定速巡航系统以及汽车并线辅助系统等，这些辅助控制系统独立工作，在特定情况

表1-1 智能网联汽车的技术分级

自动驾驶分级			SAE 定义	主体			
NHTSA	SAE	SAE-China		驾驶操作	周边监控	支援	系统作用域
由人类驾驶员负责监测驾驶环境				人类驾驶员	人类驾驶员	人类驾驶员	无
0	0	无自动化	由人类驾驶员全权操作汽车，在行驶过程中可以得到警告和保护系统的辅助				
1	1	驾驶员辅助/DA	通过驾驶环境对方向盘和加减速中的一项操作提供驾驶支援，其他动作都由人类驾驶员操作				部分
2	2	部分自动化/PA	通过驾驶环境对方向盘和加减速的多项操作提供驾驶支援，其他的驾驶动作都由人类驾驶员操作				
由自动驾驶系统负责监测驾驶环境				自动驾驶系统	自动驾驶系统		
3	3	有条件的自动化/CA	由自动驾驶系统完成所有的驾驶操作；根据系统请求，人类驾驶员提供适当的应答				
4	4	高度自动化/HA	由自动驾驶系统完成所有的驾驶操作；根据系统请求，人类不一定需要对所有的系统请求作出应答，但限定道路和环境条件等			自动驾驶系统	
	5	完全自动化/FA	由自动驾驶系统完成所有驾驶操作；人类在可能的情况下接管，在所有的道路和环境条件下驾驶				全域

下，通过对车辆运行状况及运行环境的检测，提示驾驶员驾驶相关的信息或警告驾驶员驾驶中可能出现的危险，方便驾驶员在接到提示或警告后及时做出反应。相对于其他发展阶段，这阶段的技术发展已很成熟，已经成为一些汽车的标准配置，随着成本的降低，其应用范围将逐步扩大。

（3）半自动驾驶阶段（2级）

在半自动驾驶阶段，驾驶员和车辆共享对车辆的控制权。车辆至少有两种先进驾驶辅助系统，而且这些系统能同时工作，例如自适应巡航控制和车道保持辅助的功能结合，在一定程度上协助驾驶员控制车辆。这一阶段也是当前所处并在快速发展的阶段，未来几年中，将有更多的先进驾驶辅助系统应用在量产车上。

2级和1级的主要的区别是，2级在特殊操纵条件下，自动操纵模式可以让驾驶员脱离对汽车的操纵，而 1 级在任何条件下都不能离开驾驶员对汽车的操纵。

（4）高度自动驾驶阶段（3 级）

在高度自动驾驶阶段，车辆和驾驶员共享对车辆的控制权。在特定的道路环境下（高速公路、城郊或市区），驾驶员完全不用控制车辆，车辆完全自动行驶，而且可以自动检测环境的变化以判断是否返回驾驶员驾驶模式。现阶段已经提出的高度自动驾驶技术有堵车辅助系统、高速公路自动驾驶系统和泊车引导系统等。目前，高度自动驾驶的技术尚未应用在量产车型上，预计在未来几年中，部分技术的量产将会实现。

3 级和 2 级的主要区别是，3 级在自动驾驶条件下，驾驶员不必时常监视道路，而且以自动驾驶为主、驾驶员驾驶为辅；2 级在自动驾驶条件下，驾驶员必须监视道路，而且以驾驶员驾驶为主、自动驾驶为辅。

（5）完全自动驾驶阶段（4 级）

在完全自动驾驶阶段，车辆拥有车辆的全部控制权，驾驶员在任何时候都不能获得控制权。驾驶员只需提供目的地信息或者进行导航输入整个驾驶过程无须驾驶员参与。车辆能在全工况全天候环境下完全掌控所有与安全有关的驾驶功能，并监视道路环境。完全自动驾驶的实现将意味着自动驾驶汽车真正驶入了人们的生活，也将使驾驶员从根本上得到解放。驾驶员可以在车上从事其他活动，如上网、办公、娱乐和休息等。完全自动驾驶汽车还要受到政策、法律等相关条件的制约，真正量产还任重道远。

驾驶级别越高，应用的先进驾驶辅助系统越多，车辆系统的集成与融合度越高，软件控制的重要性越大。

2. 我国自动驾驶分级

2021 年 8 月 20 日，由工业和信息化部提出、全国汽车标准化技术委员会归口的 GB/T 40429—2021《汽车驾驶自动化分级》推荐性国家标准，由国家市场监督管理总局、国家标准化管理委员会批准发布。具体分级如下：

0 级驾驶自动化（应急辅助）：系统不能持续执行动态驾驶任务中的车辆横向或纵向运动控制，但具备持续执行动态驾驶任务中的部分目标和事件探测与响应能力。

1 级驾驶自动化（部分驾驶辅助）：系统在其设计运行条件下持续地执行动态驾驶任务中的车辆横向或纵向运动控制，且具备与所执行的车辆横向或纵向运动控制相适应的部分目标和事件探测与响应能力。

2 级驾驶自动化（组合驾驶辅助）：系统在其设计运行条件下持续地执行动态驾驶任务中的车辆横向和纵向运动控制，且具备与所执行的车辆横向和纵向运动控制相适应的部分目标和事件探测与响应能力。

3 级驾驶自动化（有条件自动驾驶）：系统在其设计运行条件下持续地执行全部动态驾驶任务。

4 级驾驶自动化（高度自动驾驶）：系统在其设计运行条件下持续地执行全部动态驾驶任务并自动执行最小风险策略。

5 级驾驶自动化（完全自动驾驶）：系统在任何可行驾驶条件下持续地执行全部动态驾驶任务并自动执行最小风险策略。

无论怎样分级，从驾驶员对车辆控制权角度来看，可以分为驾驶员拥有车辆全部控制权、驾驶员拥有部分车辆控制权、驾驶员不拥有车辆控制权三种形式，其中驾驶员拥有部分车辆控制权时，根据车辆上先进驾驶辅助系统（ADAS）的配备和技术成熟程度，决定驾驶员拥有车辆控制权的多少。ADAS 装备越多，技术越成熟，驾驶员拥有车辆控制权越少，车辆自动驾驶程度越高。

四、智能网联汽车的发展现况

目前，智能网联汽车已初步形成主流的技术架构及集成方案，整体功能方面初步具备一定条件下的自动驾驶能力，但成熟度和可靠性尚未达到安全交通融入的程度。在市场应用方面，目前依旧是以 L2 辅助驾驶为主，随着技术的更新和法律法规的健全，智能网联汽车将加速商业化落地、拓展产业应用，在一定条件下的应用有望率先开展。

1. 智能网联汽车的主流技术方案

智能网联汽车自动驾驶功能的实现主要依赖于环境感知传感器、自动驾驶计算平台、网联通信设施、人机交互系统等。其中，环境感知传感器相当于智能网联汽车的五官，自动驾驶计算平台相当于自动驾驶汽车的大脑，网联通信设施是实现 V2X 功能的核心，人机交互系统是智能网联汽车的另一个重要的版块。未来智能化、人性化、多样化的人车交互系统将使得自动驾驶功能的接管和移交过程变得更加安全和易用，在降低事故率的同时还能实现多媒体娱乐、导航等功能。其主流技术方案如图 1-6 所示。

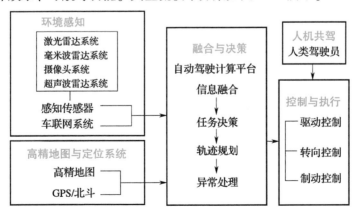

图 1-6 智能网联汽车的主流技术方案

2. 智能网联汽车的政策和法规

近年来，各国纷纷推出相关政策大力支持智能网联汽车的发展，我国也不例外，将智能网联汽车上升到国家发展战略高度。从政策扶持、制定道路测试法规、建设示范区、基础数据平台、产业创新联盟和批准重点项目等多方面推进我国智能网联汽车的发展。2018 年 12 月，国家发布《车联网（智能网联汽车）产业发展行动计划》，提出到 2020 年，实现 LTE－V2X 在部分高速公路和城市主要道路的覆盖，开展 5G－V2X 示范应用，建设窄带物联网（NB-loT）网络，构建车路协同环境。车联网用户渗透率达到 30% 以上，新车驾驶辅助系统（L2）搭载率达到 30% 以上，联网车载信息服务终端的新车装配率达到 60% 以上。

道路测试是实现智能网联车产业化和商业化的基础，因此我国高度重视智能网联汽车公共道路测试情况，近年来加紧出台了各项智能驾驶上路法规。2018 年 4 月，我国颁布了第一个规范自动驾驶汽车道路测试的法规文件《智能网联汽车道路测试管理规范（试行）》。2019 年 10 月，工业和信息化部在智能网联汽车测试区交流研讨会上表示将会研究修订《智能网联汽车道路测试管理规范（试行）》，不断优化完善测试验证和应用示范环境。与此同时，重庆、北京、上海等地方政府也相继出台自动驾驶汽车道路测试法规文件，加快推动智能网联汽车道路测试。2019 年 12 月，《新能源汽车产业发展规划（2021—2035 年）征求意见稿》提出到 2025 年，智能网联汽车新车销量占比达到 30%，高度自动驾驶智能网联汽车实现限定区域和特定场景商业化应用。

在智能网联汽车示范运行方面，我国早在 2015 年就开始在全国各地布局，目前已经在北京、上海、重庆、浙江、长春、武汉、无锡等地建设了超过 23 个智能网联汽车测试示范区，积极推动半封闭、开放道路的测试验证（表 1－2）。

表 1－2　部分智能网联汽车示范

地区	智能网联汽车示范区
吉林	国家智能网联汽车应用（北方）示范区
辽宁	北汽盘锦无人驾驶汽车运营项目
北京	国家智能汽车与智慧交通示范区
安徽	V2X 技术开发与示范场地建设项目
江苏	国家智能交通综合测试基地（无锡）、常熟中国智能车综合技术研发与测试中心、南京市江宁区智能网联开放测试区
上海	国家智能网联汽车 ANICE CITY 示范区
浙江	杭州云栖小镇 LTE－V 车联网示范区、桐乡乌镇示范区、嘉善产业新城智能网联汽车测试场
福建	平潭无人驾驶汽车测试基地、漳州无人驾驶汽车社会实验室

（续）

地区	智能网联汽车示范区
广东	深圳无人驾驶示范区、广州智联汽车与智慧交通应用示范区
湖南	湘江新区智能系统测试区
武汉	武汉"智慧小镇"示范区、武汉雷诺自动驾驶示范区
重庆	重庆 i－VISTA 智能汽车继承系统试验区、重庆中国汽研智能网联汽车试验基地
四川	德阳 Dicity 智能网联汽车测试与示范运营基地、成都中德智能网联汽车四川试验基地

除了不断完善道路测试法律法规文件和建设多元化的智能网联汽车示范区外，国家还大力支持建设智能网联汽车基础数据平台，目前我国已经建立了交通行业网联化统一监管平台，其具有全国性平台的架构。与此同时，在工业和信息化部的支持下，中国汽车工程学会联合包括汽车整车企业、科研院所、通信运营商、软硬件厂商等 30 多家单位共同发起成立"车联盟产业技术创新战略联盟"，2015 年 7 月更名为"智能网联汽车产业技术创新战略联盟"，旨在加强政策和战略研究、关键共性技术研发、学术交流与国际合作、人才培养等方面的合作，进而推动我国智能网联车技术的快速发展。为与国际先进智能网联汽车技术水平保持同步发展，开发具有自主知识产权的智能网联汽车产品和技术，我国也相继批准国家重点研发项目，如智能电动汽车电子电气架构研发、电动自动驾驶汽车关键技术研究与示范运行等项目。

3. L2 级别自动驾驶技术的发展

目前，L2 级别辅助驾驶功能已经成为在售车型主流配置方案。随着汽车市场的发展趋势和消费者认知的强化，L2 级别的辅助驾驶（ADAS）离规模化商业变现更为接近，车型渗透率也逐渐增高，面临产业快速膨胀的机会。

表 1-3 为"汽车之家"网站 2019 年统计的在售车辆 ADAS 配置搭载率，近三成以上市面车辆在不同程度上搭载了 ADAS 的相关功能，搭载率已经具备规模化应用程度。

表 1-3　中国在售汽车 ADAS 配置搭载率

ADAS	盲区监测	前方碰撞预警	车道偏离预警	自动泊车入位	疲劳驾驶预警	自适应巡航系统	车道保持辅助	360°全景影像
搭载率	39.50%	51.70%	44.60%	28.70%	37.60%	37.20%	26.40%	55.30%

市场结构方面，L2 辅助驾驶早期主要应用于 30 万元以上的中高端汽车，很多厂家也将其作为高配车型的选装功能。在技术层面，行业内认知度最高的第一梯队有特斯拉、沃尔沃、奥迪等，其中特斯拉是从 2014 年开始为车辆配备安全性驾驶辅助功能，目前特斯拉自动驾驶硬件已经升级到第三代，配备了 HW3.0 硬件，支持停车场低速运行和高速公

路部分特定场景下驾驶辅助功能，未来将
提出进一步的功能升级，包括识别交通信
号灯和停车标志、城市道路自动驾驶。沃
尔沃搭载的 Pilot Assist 自动驾驶辅助系
统能满足车辆在特定条件下的自动跟车、主
动制动、车道保持、路牌限速识别等功能，
在识别以及介入方面精准度都非常高。特
斯拉的 HW3.0 硬件实物如图 1 - 7 所示。

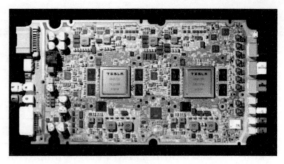

图 1-7　特斯拉 HW3.0 硬件实物

4. V2X 技术的发展

智能网联汽车的发展路径是从单车智能到车路协同升级，其中以单车智能为主，车路
协同为辅。单车智能主要依赖于摄像头、激光雷达、毫米波雷达等环境感知传感器进行道
路场景识别，车路协同是单车智能的功能延展和补充，基于 V2X（Vehicle to Everything）
技术开展。

（1）车路协同的应用有望降低单车成本

车路协同是一种自动驾驶补充方案，能够在一定程度上弱化单车传感器的功能和性能
要求。从原理上讲，车端传感器的功能可以通过道路端传感器来补偿实现，道路端通过路
侧单元（RSU）将获取到的环境数据传递给车端，通过坐标系变换，将路端环境信息转化
成车端环境信息，发送至计算平台进行数据融合。这样一来，只要能保证道路端数据的实
时性、完整性和可靠性，可以通过降低单车传感器搭载的数量和性能来实现单车集成成本
的降低，而基于 RSU 的路端数据通过类似广播的方式让所有在道路行驶的车辆共享，实
现资源集中和高效处理。

（2）车路协同降低自动驾驶计算平台算力负荷

自动驾驶计算平台是智能网联汽车的大脑，各路传感器获取的数据都要在这里融合、
决策并输出决策和控制信号。算力是评价计算平台性能的重要指标，也是直接关系到造价
成本的核心参数。单车智能方案中，要增强环境感知能力，往往通过增加传感器性能和数
量的方式来实现，这意味着实时处理信息量的增大，由于自动驾驶对于数据传输延时性极
为敏感，所以对计算平台的算力也提出更高的要求。基于此背景，多接入边缘计算成为比
较实用的网络结构，可以部分缓解计算平台的压力。

（3）5G 的应用将拓宽数据通道，降低通信时延

基于 5G 高速数据传输的特征，可以实现海量传感器信息的传输。从功能角度，车端
可以利用多元异构的传感器获取更加丰富的车辆周边环境动态信息，在一定程度上提高自
动驾驶的安全性；道路传感器之间可以进行实时的信息通信，实现路径优化、安全信息广

播等，包括周边行人预警、盲区车辆碰撞预警等场景；边缘云与区域云的数据传输也可以应用 5G 的无线方案。从性能角度分析，5G 的高速传输特征可以有效地降低端到端的通信时延，提高安全性能。

5. 智能网联汽车的当前应用

目前我国智能网联汽车还处于形成产业雏形的阶段，当前可商用无人驾驶的应用主要分两部分：公共交通线路和特定条件下的受限制区域。随机交通场景的融入目前存在一定的问题，在技术层面技术尚未完全成熟，可靠性和安全性还有待验证；在法律法规层面，国家在智能网联汽车方面交通法律法规尚未完全建立；在运营成本方面，车辆集成费用较大，规模化运营初期投资较大。但是，在一定条件下的场景应用还是存在很大的市场空间，同时，目前也具备可行性的技术方案，下面介绍几个不同领域的典型案例。

（1）自动驾驶矿车

内蒙古宝利煤炭有限公司于 2019 年 9 月在宝利煤矿首次使用了 3 辆自动驾驶矿车来运输煤炭，通过"愚公"智慧矿山无人化运输系统来对车辆进行控制，具体包括矿车自动驾驶系统、机群调度系统、远程管控系统等。矿车通过传感器和雷达收集数据，形成记忆并优化算法，可以更加自动适应随天气变化的矿区道路。由于不需要车内驾驶员，3 辆无人驾驶的翻斗车至少可以节省 6 个驾驶员的成本，但需要有后台人员对其安全性进行监控。"愚公"智慧矿山无人化运输系统控制台如图 1-8 所示。

图 1-8　"愚公"智慧矿山无人化运输系统控制台

（2）自动驾驶公交车

2018 年 12 月 28 日，湖南湘江新区智慧公交示范线首发仪式在长沙市举行。湖南湘江新区智慧公交示范线路全长 7.8km，沿途停靠 11 个站点，双向总计 22 个站点，一期计划投放 4 辆中车电动智能驾驶公交试运行。目前开放道路 L3 等级的 4 辆中车电动智能驾驶公交试运行，依托国家智能网联汽车（长沙）测试区，该项目将打造集研发"车-路-云"应用于一体的智慧公交全国示范线。该自动驾驶的功能实现的亮点是 V2X 的应用，这也是该自动驾驶项目的核心和主推技术。湖南湘江新区智慧公交车如图 1-9 所示。

（3）自动驾驶出租车

2020 年 10 月 11 日，百度宣布即日起在北京全面开放百度自动驾驶出租车（Robotaxi）

服务，乘客可在北京经济技术开发区、海淀区、顺义区的数十个自动驾驶出租车站点，无须预约，直接下单免费试乘自动驾驶出租车服务。百度 Apollo 自动驾驶出租车如图 1 - 10 所示。

图 1 -9　湖南湘江新区智慧公交车　　　　　　图 1 -10　百度 Apollo 自动驾驶出租车

百度 Apollo 自动驾驶出租车基于林肯 MKZ 进行改装，此次搭载的自动驾驶设备包括 1 个激光雷达、10 个摄像头、2 个毫米波雷达、2 个惯性导航、1 个主机、1 个控制器以及 1 个工控机等，再加上车辆成本，总计改装成本约百万元，可实现 L4 级自动驾驶。

（4）自动驾驶清扫车

2019 年，北京市植物园引入"蜗小白"自动驾驶清扫车。"蜗小白"能够自主完成路面清扫、洒水、垃圾收集等工作，工作效率等效 6 名环卫工人，极大地提高了清扫效率。"蜗小白"配备自主研发的高精度定位传感器以及多个探测传感器，配合 AVCU 硬件控制平台的系统化管理，相辅相成，可以实现高效的识别探测及指令动作反应。软件方面，"蜗小白"使用自主研发的 AVOS 软件操作系统，让环卫工作者实现快速、简易的清扫车控制与操作。"蜗小白"自动驾驶清扫车如图 1 -11 所示。

图 1 -11　"蜗小白"自动驾驶清扫车

五、智能网联汽车的关键技术

当前智能网联汽车发展十分迅速，以下介绍其主要的关键技术。

1. 环境感知技术

环境感知包括车辆本身状态感知、道路感知、行人感知、交通信号感知、交通标识感知、交通状况感知、周围车辆感知等。其中车辆本身状态感知包括行驶速度、行驶方向、行驶状态、车辆位置等；道路感知包括道路类型检测、道路标线识别、道路状况判断、是否偏离行驶轨迹等；行人感知主要判断车辆行驶前方是否有行人，包括白天行人识别、夜晚行人识别、被障得物阻挡的行人识别等；交通信号感知主要是自动识别交叉路口的信号灯、如何高效通过交叉路口等；交通标识感知主要是识别道路两侧的各种交通标志，如限速、转弯等，及时提醒驾驶员注意；交通状况感知主要是检测道路交通拥堵情况、是否发生交通事故等，以便车辆选择通畅的路线行驶；周围车辆感知主要检测车辆前方、后方、侧方的车辆情况，避免发生碰撞，也包括交叉路口被障碍物遮挡的车辆。环境感知技术示意图如图 1 - 12 所示。

图 1 - 12　环境感知技术示意图

在复杂的路况交通环境下，单一传感器无法完成环境感知的全部，必须整合各种类型的传感器，利用传感器融合技术，使其为智能网联汽车提供更加真实可靠的路况环境信息。

无论怎样分级，从驾驶员对车辆控制权角度来看，可以分为驾驶员拥有全部车辆控制权、驾驶员拥有部分车辆控制权、驾驶员不拥有车辆控制权三种形式。其中驾驶员拥有部分车辆控制权时，系统根据车辆 ADAS 的配备和技术成熟程度，决定驾驶员拥有车辆控制权的多少，ADAS 装备越多，技术越成熟，驾驶员拥有车辆控制权越少，车辆自动驾驶程度越高。

2. 无线通信技术

长距离无线通信技术用于提供即时的互联网接入，主要采用 4G/5G 技术，特别是 5G

技术，有望成为车载长距离无线通信专用技术。短距离通信技术有专用短程通信技术（DSRC）、蓝牙、Wi-Fi 等，其中 DSRC 重要性高且亟须发展，它可以实现在特定区域内对高速运动下移动目标的识别和双向通信，例如 V2V、V2I 双向通信，实时传输图像、语音和数据信息等。

3. 智能互联技术

当两个车辆距离较远或被障碍物遮挡，直接通信无法完成时，两者之间的通信可以通过路侧单元进行信息传递，构成一个无中心、完全自组织的车载自组织网络。车载自组织网络依靠短距离通信技术实现 V2V 和 V2I 之间的通信，它使在一定通信范围内的车辆可以相互交换各自的车速、位置等信息和车载传感器感知的数据，并自动连接建立起一个移动的网络。典型的应用包括行驶安全预警、交叉路口协助驾驶、交通信息发布以及基于通信的纵向车辆控制等。智能互联技术示意图如图 1 - 13 所示。

图 1 - 13 智能互联技术示意图

4. 车载网络技术

目前汽车上广泛应用的网络有 CAN、LIN 和 MOST 总线等，它们的特点是传输速率小、带宽窄。随着越来越多的高清视频应用进入汽车，如 ADAS、360°全景泊车系统等，它们的传输速率和带宽已无法满足需要。以太网最有可能进入智能网联汽车环境下工作，它采用星形连接架构，每一个设备或每一条链路都可以专享 100M 带宽，且传输速率达到万兆级。同时以太网还可以顺应未来汽车行业的发展趋势，即开放性兼容性原则，从而可以很容易地将现有的应用嵌入到新的系统中。

5. 先进驾驶辅助技术

先进驾驶辅助技术示意图如图 1-14 所示。先进驾驶辅助技术通过车辆环境感知技术和自组织网络技术对道路、车辆、行人、交通标志、交通信号等进行检测和识别，对识别信号进行分析处理，传输给执行机构，保障车辆安全行驶。先进驾驶辅助技术是智能网联汽车重点发展的技术，其成熟程度和使用多少代表了智能网联汽车的技术水平，是其他关键技术的具体应用体现。

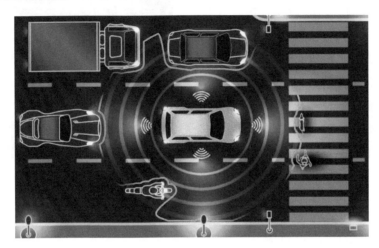

图 1-14 先进驾驶辅助技术示意图

6. 信息融合技术

信息融合技术是指在一定准则下利用计算机技术对多源信息分析和综合，以实现不同应用的分类任务面进行的处理过程。该技术主要用于对多源信息进行采集、传输、分析和综合，将不同数据源在时间和空间上的冗余或互补信息依据某种准则进行组合，产生出完整、准确、及时、有效的综合信息。智能网联汽车采集和传输的信息种类多、数量大，必须采用信息融合技术才能保障实时性和准确性。

7. 信息安全与隐私保护技术

智能网联汽车接入网络的同时，也带来了信息安全的问题。在应用中，每辆车及其车主的信息都将随时随地传输到网络中被感知，这种暴露在网络中的信息很容易被窃取、干扰甚至修改等，从而直接影响智能网联汽车体系的安全。因此，在智能网联汽车中必须重视信息安全与隐私保护技术的研究。

8. 人机交互技术

人机交互技术，尤其是语音控制、手势识别和触摸屏技术，在全球未来汽车市场上将被大量采用。全球领先的汽车制造商，如奥迪、宝马、奔驰、福特以及菲亚特等都在研究人机交互技术。不同国家汽车人机交互技术发展重点也不同，美国和日本侧重于远程控制，主要通过呼叫中心实现；德国则把精力放在车主对车辆的中央控制系统，主要是奥迪的 MMI、宝马的 iDrive、奔驰最新的 MBUX。智能网联汽车人机界面的设计，其最终目的在于提供好的用户体验，增强用户的驾驶乐趣或驾驶过程中的操作体验。它更加注重驾驶的安全性，这样使得人机界面的设计必须在好的用户体验和安全之间做平衡，很大程度上安全始终是第一位的。智能网联汽车人机界面应集成车辆控制、功能设定、信息娱乐、导航系统、车载电话等多项功能，方便驾驶员快捷地从中查询、设置、切换车辆系统的各种信息，从而使车辆达到理想的运行和操纵状态。车辆显示系统和智能手机将无缝连接，人机界面提供的输入方式将会有多种选择，通过使用不同的技术，允许消费者能够根据不同的操作、不同的功能进行自由切换。奔驰 MBUX 系统如图 1-15 所示。

图 1-15　奔驰 S 级（W223） MBUX 系统

9. 高精度地图与定位技术

高精度地图技术将大量的行车辅助信息存储为结构化数据，这些信息可以分为两类。第一类是道路数据，比如车道线的位置、类型、宽度、坡度和曲率等车道信息；第二类是车道周边的固定对象信息，比如交通标志、交通信号灯、道路限高、下水道口、障碍物及其他道路细节，还包括高架、防护栏、道路边缘类型、路边地标等基础设施信息。以上这些信息都有地理编码，导航系统可以准确定位地形、物体和道路轮廓，从而引导车辆行驶。其中最重要的是对路网精确的三维表征（厘米级精度），比如路面的几何结构、道路标示线的位置、周边道路环境的点云模型等。有了这些高精度的三维表征，自动驾驶系统可以通过比对车载的 GPS、IMU、LiDAR 或摄像头的数据，精确确认自己当前的位置。另外，高精度地图中包含有丰富的语义信息，比如交通信号灯的位置和类型、道路标示线的类型，以及哪些路面可以行驶等。

高精度地图具有高鲜度、高精度和高丰富度的特点。不论是动态化，还是精度和丰富度，最终目的都是保证自动驾驶的安全与高效率。动态化保证了自动驾驶能够及时地应对突发状况，选择最优的路径行驶。高精度确保了车辆自动行驶的可行性，保证了自动驾驶的顺利实现。高丰富度与车辆的更多逻辑规则相结合，进一步提升了自动驾驶的安全性。高精度地图示意图如图 1-16 所示。

图 1 - 16　高精度地图示意图

10. 异构网络融合技术

异构网络融合是一项较为关键的技术，所谓异构是指两个或更多的无线通信系统采用了不同的接入技术，或者是采用相同的无线接入技术但属于不同的无线运营商，其结构示意图如图 1 - 17 所示。在智能网联汽车发展的过程中，多域多网络共存问题日渐凸显，这无疑会给智能网联汽车的发展和建设带来极大困难。多网络覆盖区域重叠、通信协议不一致、缺乏统一的服务管控网络格局，使得用户面临更加复杂的网络环境。未来通信网络的前景是异构融合的网络模式，多接入

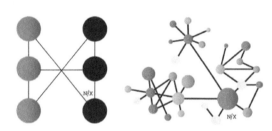

图 1 - 17　异构网络结构示意图

方式并存，多节点协同工作，支持不同程度的无缝移动特性，同时它又是一个智能化的无线通信系统，能够随时感知外界环境，并根据当前的网络状况自配置，以响应和动态自适应环境和操作的改变。5G 网络的一个主要特征就是能够提供多种不同无线接入技术之间的互操作，无线局域网（WLAN）和 4G 网络的融合、Ad hoc 网络与蜂窝网络的融合都是无线异构网络融合的重要模式。网络融合技术可极大地提升蜂窝网络的性能，在支持传统业务的同时也为引入新的服务创造了条件，成为支持异构互联和协同应用的新一代无线移动网络的热点技术。无线异构网络融合近年来受到了业界的高度重视和研究。

11. 交通大数据处理的关键技术

交通大数据具有种类繁多、异质性、时空尺度跨越大、动态多变、高度随机性、局部性和生命周期较短等特征，智能网联汽车的发展离不开大数据技术的支持，随着城市的发展，交通数据采集量必然成倍增长，形成海量、动态、实时的交通大数据。因此，以大数据处理技术为支撑的交通信息服务将成为未来智能交通发展的增长点。交通大数据平台示

意图如图 1 - 18 所示。交通所涉及的大数据技术总结起来大致包括以下内容。

图 1 - 18 交通大数据平台示意图

（1）基于 Hadoop 框架的 Map/Reduce 模式技术

Hadoop 是一个能够对大量数据进行分布式处理的软件框架，而 Map/Reduce 是 Hadoop 的核心计算模型，它将复杂地运行于大规模集群上的并行计算过程高度地抽象到了两个函数。Hadoop 实现了一个分布式文件系统（Hadoop Distributed File System，HDFS）。HDFS 有着高容错性的特点，用来部署在低成本的硬件上。而且它能提供高传输率来访问应用程序的数据，适合那些有着超大数据集的应用程序。

（2）数据仓库技术

数据仓库是决策支持系统（DSS）和联机分析应用数据源的结构化数据环境，研究和解决从数据库中获取信息等问题。数据仓库的特征在于面向主题、集成性、稳定性和时变性。其主要功能是将组织通过资讯系统的联机交易处理（OLTP）经年累月所累积的大量资料，数据仓库理论所特有的资料存储架构进行系统地分析整理，以利于各种分析方法如线上分析处理（OLAP）、数据挖掘（data mining）的进行，进而支持决策支持系统、主管资讯系统（EIS）等系统的创建，帮助决策者快速、有效地从大量数据资料中分析出有价值的信息，以利于决策拟定及快速回应外在环境变动，帮助构建商业智能。

（3）中央数据登记簿技术

中央数据登记簿系统是平台数据统一管理、综合交通信息服务的基础，包括与交通信息有关的数据表示和交互以及交通信息服务、适合于综合交通环境的数据字典和消息模板、交通数据项定义规则、注册和管理机制等。

（4）平台 GIS - T 应用技术

平台 GIS - T 应用技术是交通地理信息系统的支撑技术，可为交通信息服务提供高效的信息查询功能、海量的存储功能，包括出租车、公交车、综合交通视频信息等数据；提供优秀用户体验的 WebGIS 引擎，让用户享受基于浏览器的交通信息服务。

（5）基于非序列性数据操作技术

基于非序列性数据操作技术，包括虚拟化环境以及流数据处理技术，通过网络将大量服务器的内存空间统合在一起，使之形成一个超大型的虚拟内存，然后在其上进行数据配置，可实现对现有设备资源的最大使用效率，同时实现对即时性数据的反馈能力。

（6）视频大数据处理技术

视频大数据处理技术将目前各个专用性的视频监控系统有机地整合在一起，实现视频资源统一接入、统一转码、统一分发、统一管理和统一运营的"五统一"目标。它可整合包括交通视频、站台视频、客运站视频、高速公路视频、社会治安视频、车载视频等在内的多种视频资源，提高整体视频监控的效率，且基于视频监控基础设施之上创造更多增值性地应用，从而实现视频监控系统的最大化效用。

（7）大数据处理技术

大数据预处理技术是将接入平台的数据根据具体的业务规则进行进一步的处理，包括对接入的数据进行有效性的检验、大数据清洗等。大数据标准化处理技术从数据库中取出经过清洗后的数据，根据业务规则将外部系统的数据格式转化为平台定义的标准格式。

（8）大数据融合处理技术

大数据融合处理技术是指采用多源交通信息融合方法，结合特征融合技术（识别/分类、神经网络、贝叶斯网络等）、目标机动信息处理技术（自适应噪声模型等）及多目标跟踪的信息融合技术，提高信息系统的鲁棒性及可靠性。多源交通大数据信息融合分为 3 级：基础级是数据级融合，它只完成数据的预处理和简单关联；第二级是特征级融合，就是根据现有数据的特征预测交通参数；第三级是状态级融合，根据当前交通流信息判断交通状态。交通流信息融合的基本过程包括多源信息提取、信息预处理、融合处理以及目标参数获取和状态估计。

（9）实时数据分发订阅技术

海量交通大数据具有数据量大、更新频繁、时效性高等特点，往往需要来自其他系统的实时数据来支持其业务逻辑。比如浮动车辆的 GPS 数据、目前城市道路的路况分析和收费站排队监控分析、省级路政卫星定位联网监控系统的上报、营运车辆安全监管系统等监控分析系统需要向外单位共享的数据。

（10）大数据挖掘技术

多源交通大数据挖掘是一个多步骤的过程，可以分为问题定义、数据准备、数据分析、模式评估等基本阶段。

12. 交通云计算关键技术

交通云计算平台应该是一个整合的、先进的、安全的、自动化的、易扩展的、服务于交通行业的开放性平台。智慧交通云平台示意图如图 1 – 19 所示。它具体体现在以下几个方面。

图 1 – 19　智慧交通云平台示意图

(1) 整合现有资源

交通云能够针对未来的交通行业发展，扩展整合将来所需的各种硬件、软件、数据。

(2) 动态满足智能交通系统中各应用系统

针对交通行业的需求基础设施建设、交通信息发布、交通企业增值服务、交通指挥提供决策支持及交通仿真模拟等，交通云要能够全面提供开发系统资源平台需求，能够快速满足突发系统需求。

(3) 扩展能力

交通云能够提供极具弹性的扩展能力需求，以满足将来不断增大的交通应用需求。

交通云作为行业云，它的发展轨迹应在技术上从易到难、业务上从边缘逐渐到核心的一个发展过程，交通云的远景是 IaaS（Infrastructure as a Service，基础设施即服务）、PaaS（Platform as a Service，平台即服务）及 SaaS（Software as a Service，软件即服务）的应用都具备。针对智能交通的目前发展状况及云计算平台的成熟应用程度，还是以数据中心的云存储化开始，逐渐向外扩展应用服务。交通云应该是对交通管理部门、交通运营企业和广大市民服务的，所以，未来的交通云应该具有混合云的特点。对保密性安全要求高，处理速度快，弹性发展力度强的对内应用（交通管理单位），可以用私有云的模式实现；而对外的信息发布（大众出行、物流企业、交通信息服务企业等）、出行指导等对外应用可以用公共云的模式实现。

六、我国智能网联汽车的发展目标

近几年来，我国对于智能网联汽车的发展愈加重视，发布了多项文件来大力支持和发展智能网联汽车。

2015 年国务院发布的《中国制造 2025》规划中，提出了智能网联汽车的未来发展目标，其重点发展领域如图 1-20 所示。文件指出，到 2020 年，初步形成以企业为主体、市场为导向、政产学研用紧密结合、跨产业协同发展的智能网联汽车自主创新体系。汽车信息化产品自主份额达 50%，DA、PA 整车自主份额超过 40%，掌握传感器、控制器关键技术，供应能力满足自主规模需求，产品质量达到国际先进水平。启动智慧交通城市建设，自主设施占有率达 80% 以上。2025 年基本建成的自主的智能网联汽车产业链与智慧交通体系，汽车信息化产品自主份额达 60%，DA、PA、HA 整车自主份额达 50% 以上；传感器、控制器达到国际先进水平，掌握执行器关键技术；实现汽车全生命周期的数字化、网络化、智能化，初步完成汽车产业转型升级。提出车辆相关的智慧交通解决方案，普通道路的交通效率提高 80%，交通事故数减少 80%，交通事故死亡人数减少 90%，汽车 CO_2 排放大约减少 20%。

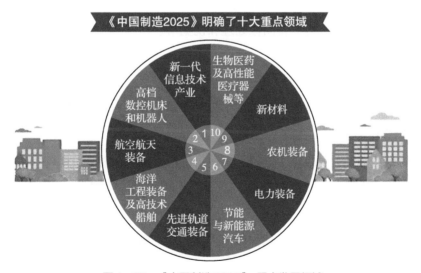

图 1-20　《中国制造 2025》重点发展领域

1. 发展重点

该文件中同时说明了智能网联汽车的发展重点，主要包括以下内容。

（1）基于网联的车载智能信息服务系统

在现有远程信息服务系统基础上，为驾驶和出行提供交通、咨询、车辆运行状态及智能控制等信息服务，突出信息化和人机交互升级，逐步普及远程通信功能，部分实现 V2X 短程通信功能，信息可用于智能化控制。

（2）驾驶辅助级智能汽车

制定中国版智能驾驶辅助标准，基于车载传感实现智能驾驶辅助，可提醒驾驶员干预车辆，突出安全性、舒适性和便利性，驾驶员对车辆应保持持续控制。

（3）部分或高度自动驾驶级智能汽车

制定中国版乘用车城市智能驾驶标准和高速公路智能驾驶标准，乘用车逐步实现部分自动或高度自动驾驶，突出舒适性、便利性、高效机动性和安全性，实现网联信息的安全管理；制定中国版商用车城郊智能驾驶标准，商用车逐步实现部分自动或高度自动驾驶，以网联智能管理和编队控制技术突破为主，提高运输车辆的运行效率、经济性、安全性和便利性。

（4）完全自主驾驶级智能汽车

制定中国版完全自主驾驶标准，基于多源信息融合、多网融合，利用人工智能、深度挖掘及自动控制技术，配合智能环境和辅助设施实现自主驾驶，可改变出行模式、消除拥堵、提高道路利用率。

（5）车载光学系统

光学摄像头、夜视系统等具备图像处理和视觉增强功能，性能与国际品牌相当并具有成本优势。

（6）车载雷达系统

开发高性价比的车载雷达系统，包括车载激光雷达系统和毫米波雷达系统。

（7）高精定位系统

基于北斗系统开发，实现自主突破，车载定位精度可达到亚米级精度，实现对 GPS 的逐步替代与升级。

（8）车载互联终端

自主开发车载信息娱乐系统、远程通信模块和近距离通信模块。

（9）集成控制系统

开发域控制器，实现对各子系统的精度控制与协调，并形成技术、成本优势。

（10）多源信息融合技术

突破环境感知与多传感器信息融合，V2X 通信模块集成，车载与互联信息融合技术。

（11）车辆协同控制技术

突破整车集成与协同控制技术。

（12）数据安全及平台软件

突破信息安全、系统健康智能检测技术，并搭建中国版车载嵌入式操作系统平台软件。

（13）人机交互与共驾技术

突破人机交互、人机共驾与失效补偿技术。

（14）基础设施与技术法规

形成中国版先进智能驾驶辅助、V2X及多网融合的技术标准体系和测试评价方法，完善基于V2X通信标准体系的道路基础设施。

2．行业规划

2016年3月17日，中国汽车工业协会发布了《"十三五"汽车工业发展规划意见》。规划意见对"十三五"的中国汽车工业提出了八方面的发展目标，其中之一就是"积极发展智能网联汽车"。《"十三五"汽车工业发展规划意见》对智能网联汽车发展设定了目标：积极发展智能网联汽车，具有驾驶辅助功能（1级自动化）的智能网联汽车当年新车渗透率达到50%，有条件自动化（2级自动化）的汽车当年新车渗透率达到10%，为智能网联汽车的全面推广建立基础。

2018年12月28日，工业和信息化部印发《车联网（智能网联汽车）产业发展行动计划》（以下简称《行动计划》）。

《行动计划》明确，以网络通信技术、电子信息技术和汽车制造技术融合发展为主线，充分发挥我国网络通信产业的技术优势、电子信息产业的市场优势和汽车产业的规模优势，推动优化政策环境，加强跨行业合作，突破关键技术，夯实产业基础，形成深度融合、创新活跃、安全可信、竞争力强的车联网产业新生态。《行动计划》提出，将充分发挥政策引领作用，分阶段实现车联网（智能网联汽车）产业高质量发展的目标。第一阶段，到2020年，将实现车联网（智能网联汽车）产业跨行业融合取得突破，具备高级别自动驾驶功能的智能网联汽车实现特定场景规模应用，车联网用户渗透率达到30%以上，道路基础设施智能水平明显提升。第二阶段，2020年后，技术创新、标准体系、基础设施、应用服务和安全保障体系将全面建成，高级别自动驾驶功能的智能网联汽车和5G-V2X逐步实现规模化商业应用，"人-车-路-云"实现高度协同，人民群众日益增长的美好生活需求得到更好满足。

《行动计划》中的主要任务包括：一是突破关键技术，推动产业化发展。充分利用各种创新资源，加快智能网联汽车关键零部件及系统开发应用，推动构建智能网联汽车决策控制平台。大力支持LTE-V2X、5G-V2X等无线通信网络关键技术研发与产业化，全面构建通信和计算相结合的车联网体系架构。二是完善标准体系，推动测试验证与示范应用。全面实施《国家车联网产业标准体系建设指南》，完善制定车联网重点标准，适时发放频率使用许可，构建智能网联汽车测试评价体系。推动在机场、港口和园区开展自动驾驶出行、智能物流等场景的示范应用，构建国家级车联网先导区，不断提升交通智能化管理水平和居民出行服务体验。三是合作共建，推动完善车联网产业基础设施。加强部门合作和省协同，构建基于 LTE - V2X、5G - V2X 等无线通信技术的网络基础设施。打造综合大数据及云平台，推进道路基础设施的信息化和智能化改造，支持构建集感知、通信、计算等能力为一体的智能基础设施环境。四是发展综合应用，推动提升市场渗透率。大力发展车联网用户，培育智慧出行等创新应用，发展电动汽车实时在线监测系统和大数据分析能力，推广车路交互信息服务的规模应用。推动事故预警和协同控制技术的应用，提升交通安全与拥堵主动调控能力，建立基于网络的汽车设计、制造、服务一体化体系，实现基于大数据平台的个性化汽车服务的规模应用。五是技管结合，推动完善安全保障体系。以智能网联汽车系统运行安全、数据安全和网络安全为重点，完善安全管理体系与防护机制，构建智能网联汽车、车联网数据和网络的全要素安全检测评估体系，着力提升隐患排查、风险发现、应急处置水平。为确保重点任务落实，《行动计划》提出了包括加强组织领导、加大政策支持力度、构建产业生态体系、优化产业发展环境、健全人才培养体系和推进国际及港澳台交流合作在内的六项保障措施，充分发挥国家制造强国建设领导小组车联网产业发展专委会等机制的作用，培育一批领军企业，构建产业集聚区，确保重点工作有序推进，切实推动车联网产业持续健康发展。

2020 年 4 月 16 日，工业和信息化部正式发布了《2020 年智能网联汽车标准化工作要点》（以下简称《工作要点》）。

《工作要点》指出，2020 年是完成智能网联汽车标准体系建设第一阶段目标的收官之年，也是下一阶段工作谋篇布局之年。2020 年智能网联汽车标准化工作，将以推动标准体系与产业需求对接协同、与技术发展相互支撑，建立国标、行标、团标协同配套新型标准体系为重点，促进智能网联汽车技术快速发展和应用，充分发挥标准的引领和规范作用，支撑我国汽车产业转型升级和高质量发展。

（1）完成标准体系阶段性建设目标

1）加快完善智能网联汽车标准体系建设。实现《国家车联网产业标准体系建设指南（智能网联汽车）》第一阶段建设目标，形成能够支撑驾驶辅助及低级别自动驾驶的智能网联汽车标准体系；系统开展国家、行业和团体标准需求调查和分析，进一步优化完善智能网联汽车标准体系，编制汽车网联功能与应用标准化路线图，为实现支撑高级别自动驾驶的标准体系第二阶段建设目标提供基础保障。

2）建立智能网联汽车标准制定及实施评估机制。根据产业发展情况，针对先进驾驶辅助系统、自动驾驶、信息安全、功能安全、汽车网联功能与应用等技术领域特点，有计划、有重点地部署标准研究与制定工作；强化标准前期预研和关键技术指标验证，提高标准与产业发展的匹配度、黏合度；选择典型企业和产品，开展标准实施效果跟踪评估，实现智能网联汽车标准体系闭环管理与持续完善。

（2）推进产品管理和应用示范标准研制

1）加大智能网联汽车产品管理所需标准的有效供给。适应智能网联汽车商品化进程，加快开展自动驾驶系统通用技术要求、信息安全、功能安全等支撑智能网联汽车产品安全性评估的通用类标准制定；推进模拟仿真、封闭场地和实际道路测试评价类系列标准制定，建立智能网联汽车自动驾驶综合评价能力；完成自动驾驶汽车数据记录系统、测试场景、汽车软件升级等关键标准的立项和编制工作；启动智能网联汽车网联性能测试评价、测试设备和工具、实验室能力评价方法等标准研究，促进提升我国智能网联汽车测试服务能力。

2）发挥标准对产业重点需求及应用示范的支撑作用。面向无人接驳、无人物流等新型产业模式及港口、园区、停车场等特定场景的应用示范需求，完成所需技术标准的立项研究；加快智能网联汽车自动驾驶功能测试相关标准制定，有力支撑智能网联汽车道路测试及应用示范；持续完善智能网联汽车测试评价标准体系，营造高质量的开发、测试及应用环境，助力智能网联汽车技术应用和商业化进程。

（3）加快推进各类急需关键标准出台

1）统筹开展基础通用类标准制定。做好汽车驾驶自动化分级标准宣贯，完成智能网联汽车术语及定义标准立项及智能泊车功能分级标准预研；根据车用操作系统标准体系规划，完成基础通用标准预研并形成标准草案；梳理智能网联汽车信息分类与代码、数据结构及传输格式、车载计算平台、高性能信息处理单元、车载高速网络等标准需求，并适时启动立项。

2）加快推进汽车智能化标准制定。完成驾驶员注意力监控系统、商用车车道保持辅助系统等标准制定；加快汽车全景影像监测系统、汽车夜视系统、智能网联汽车自动驾驶系统通用技术要求、自动驾驶功能场地测试方法等标准的立项；开展抬头显示系统、组合驾驶辅助系统、自动驾驶仿真和实际道路测试方法、自动驾驶人机交互系统等标准预研并申请立项；在牵头起草自动驾驶测试场景国际标准同时，启动我国相关标准的制定工作。

3）协同推动汽车网联化标准制定。完成基于 LTE – V2X 直连通信的车载信息交互系统、汽车信息安全通用技术要求、车载信息交互系统信息安全等标准的审查与报批；推进汽车诊断接口、风险评估、应急响应等相关标准的立项；完成智能网联汽车与移动终端信息交互功能、基于网联通信的安全预警系统等标准预研，启动智能网联汽车数字证书、车用密码等关键信息安全保障标准需求研究；开展 ISO 21434《道路车辆信息安全工程》和 ISO 20077《道路车辆网联车辆方法论》系列国际标准转化工作。

4）加强行业协同和标准联合研究。在车路协同、高精度地图和定位、云平台、试验场地等跨行业交叉领域，强化与相关产业标委会的协同，促进与相关团体标准组织的对接，鼓励通过联合开展标准需求调研、跨行业联合开展标准研究等方式，持续优化完善各类标准化有效供给，满足智能网联汽车前瞻技术研发、跨行业协同创新及应用模式探索等需求。

（4）深化国际标准法规交流与合作

1）加强智能网联汽车国际标准法规协调。履行联合国 WP.29 自动驾驶与网联车辆工作组、自动驾驶功能要求非正式工作组牵头方职责，以积极贡献的建设性态度，加快推动自动车道保持系统、自动驾驶数据记录系统、信息安全与软件升级等联合国全球技术法规协调进程；积极参与 ISO 层面智能网联汽车国际标准化活动，牵头推动自动驾驶测试场景术语和定义、自动驾驶设计运行范围规范等国际标准制定，共同承担预期功能安全、软件升级工程等关键标准的起草工作。

2）积极开展与国外相关组织、机构的交流合作。充分发挥骨干单位及行业专家作用，系统开展智能网联汽车国际标准跟踪、协调和转化工作；充分发挥智能网联汽车标准国际专家咨询组的积极作用，与 WP.29、ISO 等国际组织、主要汽车生产国标准化机构、国际先进汽车制造商及零部件企业等加强沟通交流，为中国智能网联汽车标准体系建设及实施建言献策；依托政府间汽车标准对话合作框架以及汽车领域各类合作机制，加强与欧盟、德国、法国、日本及"一带一路"沿线国家的交流合作，鼓励行业组织、产业联盟参与国际标准化活动，协同推进智能网联汽车技术及产业发展。

复习题

一、名词解释

1. 无人驾驶汽车
2. 智能网联汽车
3. 环境感知层
4. 车路协同
5. 信息融合技术

二、简答题

1. 智能汽车、智能网联汽车、自动驾驶汽车和无人驾驶汽车之间是什么关系？
2. 智能网联汽车的系统由哪些部分构成？各部分起到了什么样的作用？
3. 智能网联汽车的分级有哪些？
4. 智能网联汽车的关键技术有哪些？
5. 智能网联汽车的关键零部件有哪些？

02

第二章
智能网联汽车电子电气架构
和域控制器技术

　　不管是单车智能还是协同智能，主机厂的开发需要全栈技术集成能力、整个开发架构的顶层设计能力（包含仿真、云端调试、迭代等系统工程）、主机厂的顶层设计能力和部件厂家的整合协调能力。目前，域控制器能够很好地体现整车电子电气架构（EEA），或者说是域控制器落实整车电子电气架构，而且域控制器的功能应该是主机厂来定义和区分不同产品功能的依托，因为主机厂要承担整车所有的责任，如果随着市场的发展，也许域控制器的功能可以标准化，像计算机的 CPU、硬盘、操作系统、网卡一样，域控制器也可以通过云端大数据、AI 模型等不断迭代，实现智能的整车电子电气架构。

一、智能网联汽车整车电子电气架构

　　随着汽车新四化的发展，汽车电子已成为衡量整车性能、特别是智能化网联化的重要指标，整车电子电气架构正逐渐成为各大汽车厂商着力去重构的重要领域之一。而且随着高科技技术的日益发展，尤其是人工智能技术的大规模应用，包括车载娱乐系统、驾驶辅助系统等，这些系统都将越来越复杂，所需的控制器数目和能力也将呈几何级数增长，这就对整车电气架构提出了全新的挑战。图 2-1 讲述了电子电气架构从电子化、网络化、智能化到智慧化的发展历程。

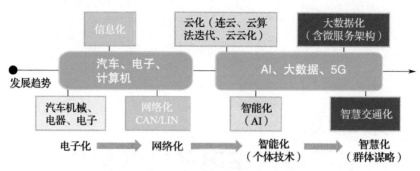

图2-1　电子电气架构发展历程

1. 电子电气架构的现况及发展趋势

汽车上最早的控制单元的作用在于实现对发动机功能的控制，每个电器都需要一个控制器进行独立控制，例如图2-2中的分布式电子电气架构。

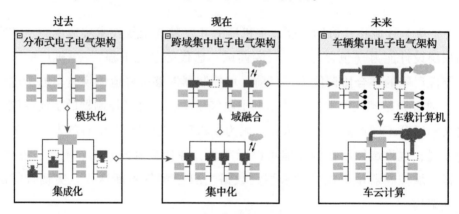

图2-2　电子电气架构发展趋势

但随着车载电器越来越多，相应的ECU也越来越多，这成为各大主机厂一个沉重的负担，具体表现在以下方面：

1）各个电器自带的ECU基本都来源于不同的供应商处，虽然它们遵守汽车行业标准和规范，但各家的编程方法与编程语言都有可能不同，后期维护与升级较为烦琐。

2）分布式架构下，各个ECU都有自己独立的通信渠道，使得整车线束成本高昂，总装复杂程度也较大，ECU间通信协议一旦确定后调整就比较困难。

3）各个ECU的运算能力不同，且都有自己的设计冗余，而无法进行资源共享的设计能力，将大幅推高整车在控制器上的成本，系统整体协调控制能力不够；而这些缺陷对于整车不断提升的对于控制器运算能力的需求，尤其是汽车从一个传统的机械零部件总成向一个电子电气零部件总成转变会是一个很大的制约，所以急需一个全新的整车电子电气架构来解决传统分布式架构的所有问题。

因此，目前我们正在向集中化域控制器的时代迈进，通过把功能相同的传感器执行器融合在域控制器中，能相对集中地控制每个域，取代了之前复杂繁多的ECU控制。未来，我们还将向车载计算机计算、车－云计算发展。

车－云计算的原理，以无人驾驶技术为例，目前的整车电气架构大多是基于车载的控制器进行大规模运算，随着无人驾驶不断发展，整车运算量会越来越大，因此在 5G 环境下，未来的一个重要趋势就是各个整车厂将自己的算法都放在云端，通过汽车与云端之间的实时通信，将云端的运算结果第一时间反馈回车辆上。而车辆更多只是承担探测周围环境，甚至都不需要探测周围环境，只是将自己的状态与意图发送到云端的角色，由运算能力更强的云统一来进行计算并进行相关部署，汽车只需将指令实施就可以了。这样汽车又将回归到一个最为原始的状态，即实现人与货物的运输功能。这样就可以大大降低车辆的成本，同时也可以将潜在的道路交通不安全降到最低。

2. 主流厂商电子电气架构方案

（1）基于功能划分 E/E 架构下的域控制器（以博世、大陆等供应商为代表）

博世、大陆等传统供应商将汽车 E/E 架构按功能划分为动力域（安全）、底盘域（车辆运动）、信息娱乐域（座舱域）、自动驾驶域（辅助驾驶）和车身域（车身电子）五大区域，每个区域对应推出相应的域控制器，最后再通过以太网、CAN 总线等通信方式连接至主干线甚至托管至云端，从而实现整车信息数据的交互。

（2）基于区域划分的集中化 E/E 架构（以特斯拉、丰田、安波福为代表）

以区域进行划分的域控制器是以车辆特定物理区域为边界来进行功能划分，相较于纯粹以功能为导向的域控制器，其集中化程度更高。例如车辆前区域控制器、左区域控制器、右区域控制器等。典型的按区域划分 E/E 架构的厂商为特斯拉，Model 3 的三个区域控制器则分别为前车身控制模块、左车身控制模块和右车身控制模块。其中，左右车身控制模块把部分基础功能按区域进行对称划分，两者分别负责各自区域内的内外部灯光、门锁、车窗、制动卡钳等。而相对于左车身控制器，右车身控制模块还具有两个独有的功能：热管理和自动泊车辅助系统。前车身控制模块则主要负责为整车中各个控制器进行电源分配，可以实时监测各个 ECU 用电情况，及时切断部分处于静态但功耗高的 ECU 供电。此外，前车身控制模块还包括前照灯、刮水器等传统 BCM 的功能。除此之外，丰田的 Central & Zone 架构、安波福的 SVA 架构均采用类似的区域划分解决方案。

二、智能网联汽车域控制器技术

1. 域控制器概述

（1）域控制器特征

集中式电子电气架构最重要部分就是域控制器，域控制器的发展，大力促进了智能汽车的发展。域控制器主要有以下几个特征：

1）域控制器提高了智能化水平。如图2-3所示，算力发展主要分为以下三个阶段：

①在过去几十年的传统单片机时代，工作频率大概只有1GHz。

②当前阶段，智能化域控制器采用了处理能力更强的多核GPU/CPU芯片，频率从单CPU时代的1GHz到了现在的10^4GHz，计算速度得到了极大的提高。

③未来，随着量子计算机的发展，速度还会以10^4数量级提升。

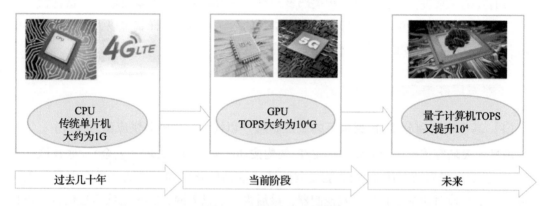

图2-3 算力主要发展阶段

不同的算力适用于不同的场景和年代。在过去，汽车上的电气设备比较少，传统单片机能很好地满足算力要求。

但是随着汽车的发展，汽车上各种电子电气单元越来越多，各ECU间的数据传输越来越频繁，需要处理的数据越来越多，传统单片机算力已经无法满足需求。例如，随着AI的发展，汽车诊断技术已从传统的单车诊断发展到车云诊断，车辆将自身收集到的信息传输到云端，再经过迭代后可以将训练好的程序装在域控制器上，想实现对应的功能时直接调用对应的算法即可。然而各种不同的功能就需要不同的算法，同时也需要不断进行车辆状态监控和维护，因此对域控制器算力要求很高，当前阶段处理能力更强的多核GPU/CPU芯片能很好地满足要求。

在未来，我们还要关注量子计算机的发展，计算速度还可能会得到更大的提升。相信在不久的将来，汽车能实现更多更强大的功能，给人们的生活带来更大的便利。

2）域控制器易于软件升级。有两种方案，一种是传统域控制器架构，另一种是集成域控制器架构。图2-4所示是传统域控制器架构，各个ECU通过以太网/CAN/LIN等方式与域控制器连接。在这种架构下，实现车辆各种功能的软件是装在ECU和域控制器上的。一般情况下，我们是调用ECU的软件来实现各种功能，但是在ECU发生故障时，我们可以用域控制器来协调相关功能。例如，在汽车行驶过程中，控制ABS的ECU发生了故障，对汽车安全造成很大隐患，但是域控制器可以调用其他ECU，包括对电池、电机进行控制，来使车辆达到一个比较安全的状态。并且，这种架构由于不同ECU厂商的协议、编程方法等都不一样，所以这种架构下只能对域控制器进行升级，但是不能对 ECU 进行升级。

图 2-4 传统域控制器架构

图 2-5 所示是集成式域控制器架构，也是目前主流的发展方向。域控制器直接连接传感器和执行器，这种架构下，实现车辆功能的各种算法只放在域控制器上，传感器只需要做好数据收集的工作，将数据传到域控制器经过处理后再传到执行器进行相应的操作；同时，我们直接对域控制器进行升级就可以获取新的功能。

图 2-5 集成式域控制器架构

3）域控制器集成度要求更高。相较于传统 ECU 而言，域控制器集成度要求更高，能相对集中地控制每个域，取代了之前复杂繁多的 ECU 控制，淘汰了目前的分布式电子电气架构域，整个系统总成的管理变得更加简便，一致性越来越高。图 2-6 所示是整车域控制器架构，底盘域、车身域、动力域和自动驾驶域都与整车域控制器连接，整车域控制器是"大脑"，各子系统的域控制器可以看作"神经中枢"，而传感器和执行器就相当于表皮神经和肌肉等。随着域的集中，虽然系统间的逻辑关系也变得越来越复杂，信息量越来越多，但 GPU/CPU 芯片高数量级的算力能很好地满足要求。

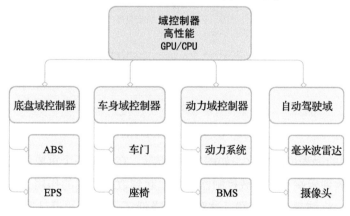

图 2-6 整车域控制器架构

4）域控制器的标准化。通过硬件、中间件、接口、通信协议的标准化、通用化，可以降低生产成本。不同类型的公司负责不同的工作，硬件厂商主要生产硬件，软件厂商主要负责软件，算法公司做算法，数据公司做数据。未来，新出厂的汽车上都没有应用程序，只有最基本的硬件和中间件，整车功能或者应用都要靠软件来实现。图2-7所示是一种标准化域控制器实例，我们只需要在底盘域控制器上连接传感器、执行器（例如图2-7中的轮速传感器、制动主缸等），并在域控制器中装上ABS算法后，就可以实现汽车的防抱死系统。同样，我们给域控制器连接其他各种各样的传感器、执行器，并且装上不同的算法后，便可以实现汽车更多不同的功能。

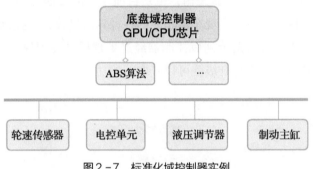

图2-7　标准化域控制器实例

5）域控制器的软件化。在新的EE架构下，硬件不再被某个功能独享，而是被抽象成服务，成为可以共享的资源。域控制器的软件部分，主要是虚拟机，如图2-8所示，通过在已有操作系统上不断地加载新的虚拟机，从而达到一机同时控制多个系统的目的。右半部分则是利用Docker等容器化虚拟化服务，还能将软件微服务化，使每一个微服务成为一个独立的整体，减少了开发的复杂性和部署的复杂性。

图2-8　域控制器上层软件部分

6）域控制器的远程可配置化。如图2-9所示，在未来一个重要的趋势就是整车厂都会将自己的算法放到云端，汽车域控制器更多地起到数据收集的作用。由算力更强的云端来进行调度部署，将结果返回车端，这种做法降低了子系统的设计冗余，降低了汽车成本。同时，随着智能算法在云端的不断更新迭代、训练，能将汽车道路不安全降到最低。

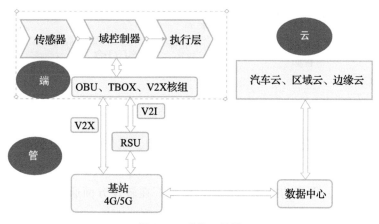

图2-9　华为云管端

7）域控制器提高了安全性。它可以提高车辆安全性，减少事故发生率。通过设定隔离池，把对安全要求比较高的对车辆控制部分放在安全等级高的操作系统里，进而保证了整个汽车系统的安全和可靠性，并降低了成本。同时，通过联网完善信息库之后，域控制器实现安全功能的方式便是根据实际情况弹出气囊（多级安全气囊展开功能）。事故发生后触发车轮制动（碰撞后制动技术）、主动式安全带预紧器、自动紧急呼叫也同样有助于实现全方位的安全保障。

（2）域控制器主要设计方案

通过域控制器特征总结，为了更好地开发域控制器，以自动驾驶域控制器开发为例子，拟定了两条开发思路：

1）如图2-10所示，供应商负责中间层、硬件、芯片方案的整合，整车厂通过云端大数据开发应用软件，进行合作生产。其中供应商的优势在于以合理的成本将产品生产出来并且加速产品落地，而整车厂承担大量开发工作，其中包括平台搭建、整合等，实现规范统一。

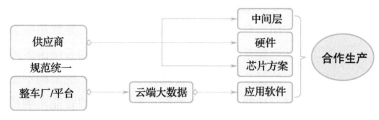

图2-10　厂商方案一

2）无人驾驶市场逐渐被关注，芯片厂商希望分得更多利益，故向方案二过渡，如图2-11所示，生产厂家有供应商、芯片商、整车厂，他们进行方案的整合并研发，通过中央域控制器，集硬件、软件、测试、数据、品牌为一体，最后还是通过整车厂实现规范统一，例如采埃孚 ProAI、大陆 ADCU、麦格纳 MAX4 等。

图2-11 厂商方案二

上述两种方案，无论选择哪种都是遵循一个原则，就是必须通过整车厂。现在很多公司在芯片设计方面有优势，与主机厂集成过程中缺乏各个模块的集成预沟通，导致最终不同的零部件相互限制，很多功能无法实现。整车厂在软件方面通过标准化的 SOA 软件架构，根据客户需求灵活调整，进行跨平台整合，实现模块化、平台化、信息安全化，更加方便生产。

域控制器发展将带来传感器模块的标准化和 ECU 功能的弱化，传感器的标准化将给零部件生产的大厂带来优势，因为大厂资金雄厚、规模宏大，品控能力强，传感器模块化将不再一一对应 ECU，大厂能够供应多家客户，同时 ECU 的相关功能被削弱。因为按照传统电子电气分布式架构，ECU 又要监测，又要控制，又要进行信号的传递等，引入域控制器概念后，ECU 这些功能减弱，不同的 ECU 之间或者 ECU 和传感器之间都通过域控制器进行传递，所以 ECU 只用完成本职工作就可以，而域控制器需要不断增强功能，来满足整车的控制需求。同时，域控制器的发展也将为整车厂带来影响，大型的跨国整车厂注重智能网联的发展，注重信息安全，同时销售地域广、车型多，并且承担责任的能力更强，所以大型的整车厂将得到良性发展，而小型整车厂在这些方面明显不足，竞争力逐渐下降。

（3）智能汽车域控制器分类

智能车辆在减少道路事故、节能减排、缓解道路拥堵等方面具有极其重要的作用，自动驾驶系统又是智能车辆的核心。近年来，随着智能车辆的应用场景日益增多，人工智能算法在自动驾驶系统中广泛应用，自动驾驶系统功能不断增强，导致单一芯片架构的硬件平台的算力已经无法满足自动驾驶系统的需要。智能车辆的感知系统由多种类型传感器组成，导致系统集成和通信接口的复杂性增加，传统分布式控制系统架构不能满足可靠性要求。因此，设计一个接口丰富、功能多样、高性能、集成化高的智能车辆域控制器具有重要的意义。

如图 2-12 所示，域控制器可以将汽车电子各部分功能划分成几个领域，如车身域、动力域、底盘域、自动驾驶域、智能座舱域等，然后利用处理能力强大的多核 CPU/GPU 芯片相对集中的控制域内原本归属各个 ECU、传感器的大部分功能，以此来取代传统的分布式架构。

不同的域的功能不同，对应的传感器、ECU 也有所不同，车身域的功能组成包括安全与舒适性、车辆电源管理、车辆信息通信、照明控制；底盘域的功能组成包括主动悬架系统、线控制动、线控转向、车轮轮胎系统、电池管理 BMS、电机控制 MCU、能量回收；自动驾驶域功能组成包括多传感器融合、定位、路径规划、决策控制、图像识别、数据处理；智能座舱域功能组成包括智能交互 AI、个性化体验、情境感知、系统推荐。

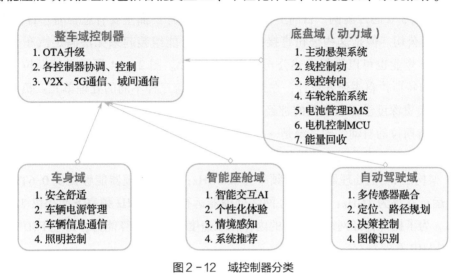

图 2-12　域控制器分类

(4) 域控制器硬件发展现状

1) 域控制器系统架构组成。智能车辆域控制器是智能车辆系统中重要的组成部分，需要兼容大量的多类型传感器。同时，系统还需要集成更多功能模块，具有接口丰富、高算力、集成化高等特点。现有的单一芯架构是无法满足需求的，因此，智能车辆域控制器需要采用异构芯片的硬件方案，即在单板卡集成多种架构芯片。异构芯片硬件架构中 AI 芯片是重要的组成部分，目前，AI 芯片架构主要有 GPU、FPGA、ASIC 等。智能车辆域控制器系统架构主要包含基于异构多核芯片的硬件架构、智能车辆操作系统、基础软件框架和自动驾驶功能软件。

2) GPU + CPU 异构模式。智能汽车域控制器是结合车辆线控平台和大量多类型外围传感器的核心部分。因此，我们对于控制器的性能和接口有很高的要求。现有的单一架构是无法满足要求的，需要采用单卡集成多种架构芯片的异构多核芯片的硬件方案。GPU 通用计算通常采用 CPU + GPU 异构模式，由 CPU 负责执行复杂逻辑处理和事务处理等不适合数据并行的计算，由 GPU 负责计算密集型的大规模数据并行计算。

图 2-13 所示是 GPU 通用计算的异构模式，GPU 通用计算主要分为四步：①GPU 从主存中复制需要处理的数据到 GPU 内存；②CPU 给 GPU 发出处理数据的过程的指令；③GPU的每一个内核开始处理数据并将处理结果存在 GPU 内存；④GPU 再通过总线将GPU 内存中的数据复制到计算机主存。

图2-13　CPU/GPU的架构

3）特斯拉3.0芯片案例。目前上游汽车控制器芯片厂商主要有恩智浦、TI、英飞凌、瑞萨、ADI等公司。但是这些公司直接提供的芯片可能组装起来无法满足汽车企业的需求，因而汽车企业也可以委托上述公司制造定制芯片。图2-14所示是特斯拉3.0主芯片，该芯片由特斯拉自主研发设计，在封装里面包含着三种不同的处理单元：负责图形处理的GPU、负责深度学习和预测的神经处理单元NPU，还有负责通用数据处理的中央处理器CPU。特斯拉的自动驾驶系统是一种较为依赖摄像头数据的系统，所以芯片计算能力对于提升特斯拉自动驾驶系统的性能是至关重要的。该芯片的中央处理器是1个12核心ARM A72架构的64位处理器，运行频率为2.2GHz；图像处理器能够提供0.6TFLOPS计算能力，运行频率为1GHz；2个神经网络处理器运行在2.2GHz频率下能提供72TOPS的处理能力。为了提升神经网络处理器的内存存取速度以提升计算能力，每颗FSD芯片内部还集成了32MB高速缓存。

图2-14　特斯拉3.0芯片

4）整车算力架构发展。随着云计算技术的发展，域控制器硬件计算能力相对云端计算而言是十分有限的。如图2-15所示，车载端可以通过Pc5与道路边缘设备连接，进行较强的道路边缘计算。如果算力还不够，车载端和道路设备可以通过Uu（5G），将车辆信息传输到云端，经过云端超强计算后，将处理结果返回到车端。

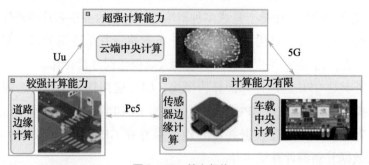

图2-15　算力架构

2. 域控制器操作系统概述

汽车域控制器操作系统作为硬件和软件的结合，成为企业竞争的核心点。国际市场上，目前主要形成了以 QNX 为主、Linux 次之的竞争格局，WinCE 逐渐退出车载操作系统市场，未来在国际市场上，Android 市场占有率将保持继续上升趋势。

表 2-1 所列是国外主流车企传统的 ROM 型操作系统，其底层操作系统一般基于 QNX 或 Linux 开发。

表 2-1　国外主流车企车载操作系统

品牌		ROM 型操作系统	底层操作系统
国外传统车企	奔驰	MBUX	QNX
	宝马	iDrive	QNX
	大众	MIB	QNX
	丰田	G－BOOK	Linux
	凯迪拉克	CUE	Linux
	本田	Honda Connect	Andriod
	雪佛兰	My Link	Andriod

由于国内 Android 应用生态更好，国内自主品牌和造车新势力大多基于 Android 定制汽车操作系统，例如比亚迪 DiLink、吉利 Gkui、小鹏 Xmart OS 等（表 2-2）。

表 2-2　国内主流车企车载操作系统

品牌		ROM 型操作系统	底层操作系统
国内传统车企	比亚迪	Dilink	Android
	荣威	斑马智行系统	AliOS
	吉利	Gkui	Android
	长城	Hi-life	Android
造车新势力	蔚来	NIO OS	Android
	小鹏	Xmart OS	Android
	威马	Living Engine	Android
互联网公司	百度	小度车载 OS	Android

(1) 汽车开放系统技术架构

在一个汽车域控制器中，主要有两种应用软件：一种是实现车辆各种具体功能及算法的上层应用软件，例如自动泊车、语音识别、地图导航等；另一种是保证域控制器能够正常运行的许多底层软件，比如处理机任务进程的调度、CAN 总线数据的接收和发送、

Flash 数据的读取和保存等。一方面来说，这些底层软件在不同的硬件中功能重复度很高，重复编译增加了控制器设计冗余；另一方面，这部分底层软件又跟硬件紧密相连。在之前，例如开发人员在 Intel 处理器平台上写好一个软件，换到 AMD 处理器平台可能就用不了。因此，开发人员可能又得为新的处理器平台写一套底层软件。但是这种方法是非常低效的，并且容易出现各种不可预期的缺陷，耗费了大量的人力物力。

如图 2-16 所示，人们就想通过标准化应用软件和底层软件之间的接口，让应用软件开发者可以专注于具体应用功能的开发，而无需考虑控制器底层的运行过程。这样即使更换了处理器硬件，应用软件也无需做太多修改就可以被移植过去。而底层软件的开发则交给专门的公司，他们为每一个处理器硬件写好驱动，并封装成标准化接口提供给上层。这样底层软件就可以被高效地集成到不同项目中。而由于同一套底层软件被大量重复使用，发现缺陷的概率大大提高，从而可以很快得到修补，并且通过更新对其他项目进行同步修补。

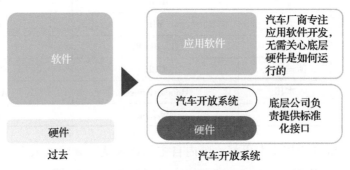

图 2-16　汽车开放系统软硬件发展

（2）传统式汽车开放系统架构组成

随着技术的进步，汽车开放式架构包括传统的 Classic 架构（CP）和升级版的 Adaptive 自适应架构（AP）。传统的架构 CP 分层如图 2-17 所示，CP 的架构分层主要有硬件层、基础软件层（BSW）、运行环境层（RTE）、应用程序层。

图 2-17　CP 架构分层

1）基础软件层（BSW）。如图 2-18 所示，基础软件层（BSW）从底层到上层依次是微控制器抽象层（使 ECU 抽象层与处理器型号无关）、ECU 抽象层（使服务层与 ECU 硬件设计无关）、服务层（提供给应用程序可用的服务）、复杂设备驱动（提供复杂执行器和传感器的驱动，使应用程序直接与底层硬件交互）。

图 2 – 18　基础软件层分层

如图 2 – 19 所示，CP 基础软件层的具体组成主要分为以下三层：

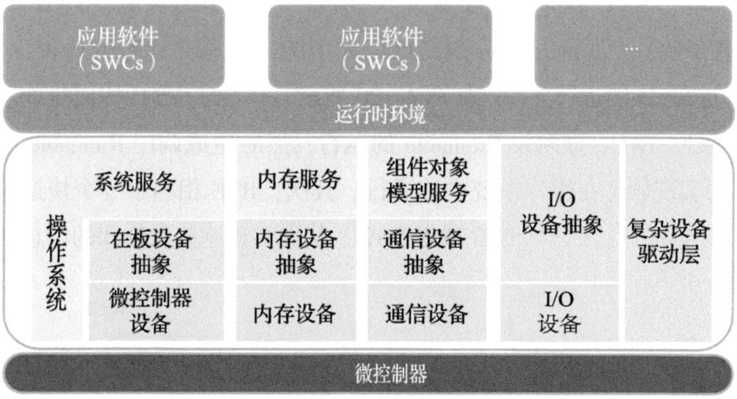

图 2 – 19　CP 基础软件层组成

①最底层是微控制器抽象层，主要包含与硬件有关的驱动程序，可以用来访问 Micro Contr Drivers（微控制器设备）、Memory Drivers（内存设备）、COM Drivers（通信设备）和 I/O Drivers（I/O 设备）等。

②其次是 ECU 抽象层，其作用是提供统一的标准化接口给服务层，实现将 I/O 设备、内存设备和通信设备等抽象成 Onboard Dev Abstr（在板设备抽象）、Memory HW Abstr（内存设备抽象）、COM HW Abstr（通信设备抽象）、I/O HW Abstr（I/O 设备抽象）；同时无需在意设备来自哪个厂商，也无需在意这些设备是来自微控制器还是外部设备。

③BSW 的最上层是服务层，其作用是将各种基础软件功能封装成 Services，主要包括 System Service（系统服务）、Memory Service（内存服务）、COM Service（通信服务）等各种服务，供应用层调用。

在图 2 – 19 所示的 CP 基础软件层组成中还可以看到，BSW 层中绿色的 OS 模块即系统服务层，主要提供实时的操作系统运行环境服务，包括系统中断管理、资源调度、任务管理等，也提供 WatchDog、时钟同步、ECU 状态管理等服务。BSW 中最右侧黄色模块为 Complex Drivers（复杂设备驱动层），使应用程序直接与底层硬件交互。Complex Drivers 的原理是利用中断等技术，来保证一些实时性要求较高的传感器驱动和执行器动作执行功能，例如燃油喷射控制、电动阀位置控制、车距识别等。

2）运行环境层（RTE）。其功能主要是提供基础的通信服务、提供 AUTOSAR 软件组件访问基础软件模块服务（BSW services）。事件调度 RTE 主要负责调用可以运行的实体，AUTOSAR 软件的组件无法直接动态创建 Runnable（可运行线程），必须通过预先编译好的 RTEEvents 来触发可运行实体的执行。

3）应用软件层。它主要包括 SWC，即封装部分汽车电子功能的模块，而提供给用户的各种软件功能则是由多个相互交互的功能模块组成的。具体如下：

①SWC：前文中提到过，AUTOSAR 最上层是 SWC 原子级应用。SWC 的特点是对应一个 C 文件，因此在 AUTOSAR 应用软件层中，每一个 SWC 同时可以看作是实现某一个特定功能的算法。即把 SWC 看作是最小单元（实现一个最小的功能，SWC 不可再分，SWC 相互间不具有耦合性），而 Runnable 则是该单元中的一个独立运行的线程（Thread）。

②RTE 对 Runnable 的运行支撑：如图 2-20 所示，体现了 SWC 构成操作系统可用程序的过程，RTE 能够触发 SWC，即触发 Runnable 的运行，然后生成调用 Runnable 的 task 代码，配置 OS 信息，从而实现软件在操作系统中的运行。其次，RTE 相当于一个快递中转站，主要负责将一个 SWC 的信息传到另一个 SWC 或者 BSW，从而实现这些软件间的信息通信功能。

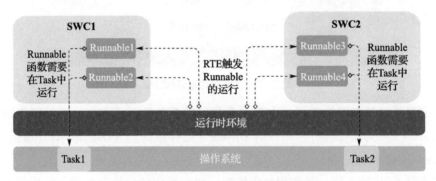

图 2-20　RTE 对 Runnable 的运行支撑

③AUTOSAR 方法论：图 2-21 则更具体地介绍了 AUTOSAR 中生成可执行文件的步骤。AUTOSAR 方法论涵盖了从 VFB 设计到生成代码软件集成之间的所有步骤。其不仅规定了每一个步骤的行为，还规定了各步骤之间的衔接方式。关键开发流程如下：

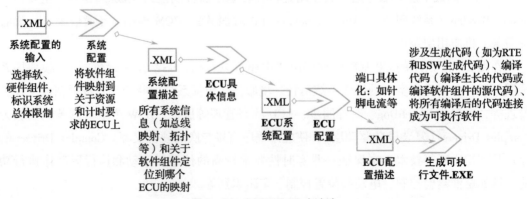

图 2-21　AUTOSAR 方法论

a）系统配置的输入。系统配置是对整个系统建立抽象或功能性的视角。这一阶段需要做的包括确定接口、模式、数据类型、软件组件、集合、软件组件约束（哪几个软件组件放在一个 ECU 上）和整个系统架构。

b）ECU 设计与配置阶段。这一阶段需要做的包括具体设计 VFB 中的接口、模式、数据类型、软件组件及其定时。软件组件的实现独立于 ECU 的配置，这是 AUTOSAR 方法论的重要特征。最重要的是知道系统的拓扑结构和 ECU 资源，即有几个 ECU、各 ECU 间如何通信、通信形式和内容、ECU 上有哪些资源、芯片引脚信息等。

c）生成代码 – 软件集成。软件集成是以 ECU 为单位的，每个微控制器都需要 ECU 配置。在这一阶段首先需要进行 RTE 配置。RTE 的配置包括建立 OS 任务，并将运行实体 Runnable 映射到 OS 任务 Task 上。然后是配置 BSW，其中包括通信栈、操作系统、系统服务、存储、诊断、MCAL 等基础软件模块。在配置完成后，则是生成 RTE、BSW、OS 和 MCAL 代码。这些代码都是在不同的配置工具中分别生成，而最后放在编译器中统一编译成可执行文件。

（3）AUTOSAR Adaptive（AP）组成

这种 Classic AUTOSAR 方式一般适用于传统 ECU，并且功能在 ECU 开发后比较固定，更新升级不便。面对汽车一些复杂的新功能，例如无人驾驶、车联网和域控制等，这种 Classic 架构显然是不满足要求的。图 2 – 22 所示是一种新的 AUTOSAR Adaptive 架构，从下到上分别包括：

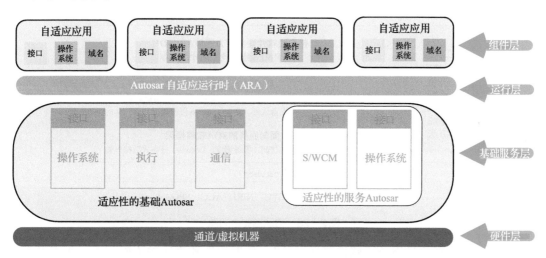

图 2 – 22　AUTOSAR Adaptive 架构

1）硬件层（Hardware/Virtual Machine）：主要是高算力的 GPU/CPU 或者是虚拟机。

2）基础服务层（BSW）：主要是各种 API 和 Service，它们可能来自其他设备、云端或者网络上的某个位置，我们在使用的时候无需关心来自何处，只需要调用即可。

3）运行层（ARA）：它是一种实时的运行环境，上层的应用可以灵活地安装、升级和卸载。

4）组件层：各种不同的应用是由下层不同的 OS、COM 等组成的容器化的程序，从而实现汽车的智能、快速、动态调配等功能。

3. 域控制器中间件技术

中间件是自动驾驶中极为重要的一环，它在一定程度上决定了自动驾驶技术的优劣。近年来，随着自动驾驶不断发展，各厂商越来越关注软件的量产化，越来越多厂商意识到中间件的必要性和重要性。在自动驾驶早期开发中，中间件可以将大型软件工程分解成若干小任务，分散解决。在后期应用时，可根据需求将一个个模块组合成一个整体。

如图 2-23 所示，中间件下层是基于 Hypervisor 的 OS，中间件层主要包括工具链、面向服务的 SOA 软件框架、功能安全/信息安全框架、整车级软件硬件能力开放 API/SDK 等。工具链主要包括 AI 模块、开发、诊断、调试、系统、方法等；面向服务的 SOA 软件框架主要包括微服务化、web 访问、服务调度、Devops、分布式数据框架等；功能安全/信息安全框架主要包括健康监控、冗余传输、安全软件部署/消息加密、设备认证、安全OTA、入侵检测等；整车级软件硬件能力开放 API/SDK 主要包括传感器执行器标准化、I/O 访问控制等。中间件上层则是自动变道、自动跟车、自动泊车、驾乘状态、高速巡航等上层应用程序。

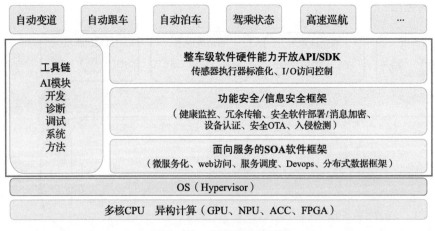

图 2-23　自动驾驶中间件

当前汽车发展的趋势是"软件定义汽车"。随着软件和算法的不断完善，很多新功能被开发出来，软件升级（OTA）的发展使得用户可以实时订阅汽车新功能，大大提高了汽车智能化水平。同时，汽车硬件的发展也日新月异。芯片算力大幅增长，摄像头像素呈翻倍之势，激光雷达出现在更多新车规划上。汽车对软硬件要求越来越高，自动驾驶的中间件也属于广义上的操作系统，但是它和 QNX、Linux 这些底层系统并不一样。本质上它是介于上层应用和底层系统之间的一套软件框架，是对软硬件资源进行管理、分配和调度的平台，是软件和硬件解耦的关键部分。中间件通常对传感器、计算平台等资源进行抽象，对算法、子系统、功能采取模块化的管理，通过提供的统一接口，让开发人员能够专注于各自业务层面的开发，而无需了解无关的细节。

复杂的大型软件，尤其是自动驾驶，对开发和应用有一系列要求。中间件在系统中的作用典型的例子就是，不同车厂的硬件配置存在巨大差异，而同一车厂内的不同品牌、不同车型也会存在不同。借助于中间件平台，插拔式设计便成为可能，整个自动驾驶系统方案，在开发时可以根据需求进行不同拓展，开发后也可以快速高效地进行软件迭代。中间件不仅适配不同的传感器、芯片、车辆平台等硬件，而且可以选配不同的软件算法模块，实现不同级别的自动驾驶功能。如果中间件能打下一个好的基础，那么整个自动驾驶方案开发和应用的质量、效率也都会有不同程度的提高。

复习题

一、名词解释

1. 域控制器
2. 智能车辆域控制器
3. 汽车操作系统
4. 微服务
5. 微服务架构

二、简答题

1. 芯片算力有哪几个阶段？各自有什么特点？
2. 域控制器有哪几个特征？
3. 汽车电子可以分为哪些领域？
4. 微服务架构的优缺点是什么？
5. 微服务架构有哪些相关的功能？

第三章
智能网联汽车专用传感器
技术原理与应用

03

一、车载传感器技术概述

1. 汽车传感器的定义

传感器是一种检测装置，能感受到被测量的信息，并能将感受到的信息按一定规律变换成为电信号或其他所需形式的信息输出，以满足信息的传输、处理、存储、显示、记录和控制等要求。车用传感器是汽车计算机系统的输入装置，它把汽车运行中各种工况信息，如车速、各种介质的温度、发动机运转工况等转化成电信号输给计算机，以便汽车处于最佳工作状态。

2. 汽车传感器的特点

（1）适应性强、耐恶劣环境

汽车的工作环境恶劣，包括极寒、极热、高海拔等行驶情况，因此，要求汽车传感器具有极强的环境适应性，要能在这些特殊环境下正常工作。另外，汽车传感器还应具有很好的密封性、耐潮湿、抗腐蚀性等。

（2）抗干扰能力强

汽车传感器除了能够适应外界恶劣环境之外，还要能够抵抗来自汽车内部的各种干扰。例如安装在发动机中的传感器，其在工作过程中要承受发动机的高温、高压、腐蚀等多种因素，同时还要抵抗各种频率的振动，在工作过程中还需抵抗其他电磁波干扰、高压脉冲等因素，因此要求汽车传感器必须具有较强的抗干扰能力。

（3）稳定性和可靠性高

汽车传感器的特性对汽车电子控制系统有非常大的影响，汽车的设计使用寿命一般在10年以上，汽车传感器必须具有高稳定性和高可靠性。

（4）性价比高、适应大批量生产

随着汽车电气化、智能化、网络化、无人化的发展，汽车所用传感器越来越多，可达数百甚至上千个，这就要求汽车传感器必须具有较高的性价比，否则难以大批量推广使用。

3. 汽车传感器的分类

汽车传感器按测量对象可以分为温度传感器、压力传感器、流量传感器、气体浓度传感器、位置传感器、转速传感器、加速度传感器、距离传感器等。

1）温度传感器。温度传感器主要用于检测发动机温度、吸入气体温度、冷却液温度、燃油温度、环境温度等。

2）压力传感器。压力传感器主要用于检测气缸负压、大气压、涡轮发动机升压比、气缸内压、油压等。

3）流量传感器。流量传感器主要用于检测发动机空气流量和燃料流量等。

4）气体浓度传感器。气体浓度传感器主要用于检测车辆内气体和废气排放等。

5）位置传感器。位置传感器主要用于检测曲轴转角、节气门开度、制动踏板位置、车辆位置等。

6）转速传感器。转速传感器主要用于检测发动机转速、车轮转速和行驶车速等。

7）加速度传感器。加速度传感器主要用于测量纵向加速度、横向加速度和垂直加速度等。

8）距离传感器。距离传感器主要用于测量汽车行驶的距离以及汽车至障碍物之间的距离等。

二、超声波传感器

1. 超声波传感器的定义

超声波是振动频率高于20kHz的机械波，超声波传感器是根据多普勒效应，将超声波信号转换成其他能量信号（通常是电信号）的传感器。

2. 超声波传感器的特点

1）超声波的传播速度仅为光波的百万分之一，并且指向性强、能量消耗缓慢，因此可以直接测量较近目标的距离，一般测量距离小于10m。

2）超声波对色彩、光照度不敏感，可适用于识别透明、半透明及漫反射差的物体。

3）超声波对外界光线和电磁场不敏感，可用于黑暗、有灰尘或烟雾、电磁干扰强、有毒等恶劣环境中。

4）超声波传感器结构简单，体积小，成本低，信息处理简单可靠，易于小型化与集成化，并且可以进行实时控制。

3. 超声波传感器的一般结构

超声波传感器的结构示意图如图3-1所示。超声波传感器一般采用双晶振子（压电晶片），即把双压电陶瓷片以相反极化方向粘在一起。在双晶振子的两面涂覆薄膜电极，上面用引线通过金属板（振动板）接到一个电极端，下面用引线直接接到另一个电极端。双晶振子为正方形，正方形的左右两边由圆弧形凸起部分支撑着。这两处的支点就成为振子振动的节点。金属振动板的中心有圆锥形振子，发送超声波时，圆锥形振子有较强的方向性，因而能高效地发送超声波；接收超声波时，超声波的振动集中于振子的中心，所以能产生高效率的高频电压。超声波传感器采用金属或塑料外壳，其顶部有屏蔽栅。

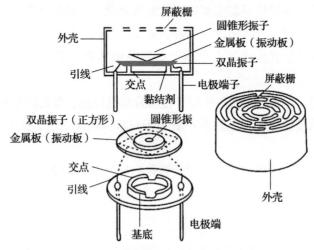

图3-1　超声波传感器的结构示意图

4. 超声波传感器的测距原理

最常用的超声测距的方法是回声探测法，超声波发射器向某一方向发射超声波，在发射时刻的同时计数器开始计时，超声波在空气中传播，途中碰到障碍物面阻挡就立即反射回来，超声波接收器收到反射回的超声波就立即停止计时。超声波在空气中的传播速度为340m/s，根据计时器记录的时间t，就可以计算出发射点距障碍物面的距离S，其计算公式如下：

$$S = 340t/2 \tag{3-1}$$

当前汽车上较为常用的是压电式超声波传感器，其关键部件是配有塑料或金属外壳的压电晶片，用两根导线与控制器相连。在传感器内部有两个压电晶片和一个共振板，当共振板接收到超声波的回波时，引起压电晶片振动，其将机械波转换成电信号。控制器通过振荡电路向压电晶片输送一定频率的脉冲信号，压电晶片产生共振，并带动共振板振动，于是便产生超声波。系统经过逻辑电路的处理运算，就能够计算出超声波传感器发射点与障碍物之间的距离。超声波传感器工作原理如图 3-2 所示。

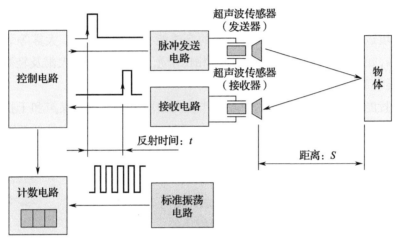

图 3-2　超声波传感器的工作原理

5. 超声波传感器的应用仿真

PanoSim 内置超声波传感器 Ultrasonar_G，该传感器模拟超声雷达输出在 FOV 范围内，被探测到最近距离目标的信息。

PanoSim
超声波传感器

三、毫米波雷达

1. 毫米波雷达的定义

毫米波雷达是指工作频率介于微波和光之间，在 $30 \sim 300\,GHz$ 频域（波长为 $1 \sim 10\,mm$，即 $1\,mm$ 波段）的雷达。

2. 毫米波雷达的优势

1）小天线口径、窄波束。高跟踪和引导精度易于进行低仰角跟踪，抗地面多径和杂波干扰；对近空目标具有高横向分辨力；对区域成像和目标监视具备高角度分辨率；窄波束的高抗干扰性能；高天线增益；容易检测小目标，包括电力线、电杆和子弹等。

2）大带宽。具有高信息速率，容易采用窄脉冲或宽带调频信号获得目标的细节结构特征；具有宽的扩谱能力，减少多径、杂波并增强抗干扰能力；相邻频率的雷达或毫米波识别器工作，易克服相互干扰；高距离分辨力，易得到精确的目标跟踪和识别能力。

3）高多普勒频率。对慢目标和振动目标具有良好的检测和识别能力；易于利用目标多普勒频率特性进行目标特征识别；对干性大气污染的穿透特性，提供在尘埃、烟尘和干雪条件下的良好检测能力。

4）快速的响应速度。毫米波的传播速度与光速一样，并且其调制简单，配合高速信号处理系统，可以快速地测量出目标的角度、距离、速度等信息。

5）对环境适应性强。毫米波具有很强的穿透能力，在雨、雪、大雾等恶劣天气依然可以正常工作，由于其天线属于微波天线，相比于光波天线，它在大雨及轻微上霜的情况下依然可以正常工作。

6）抗干扰能力强。毫米波雷达一般工作在高频段，而周围的噪声和干扰处于中低频区，基本上不会影响毫米波雷达的正常运行，因此，毫米波雷达具有抗低频干扰特性。

3. 毫米波雷达的结构

毫米波雷达一般由前端单片微波集成电路（MMIC）、雷达天线高频 PCB 板、信号处理模块等组成。其结构示意图如图 3-3 所示。

(1) 前端单片微波集成电路（MMIC）

它包括多种功能电路，如低噪声放大器（LNA）、功率放大器、混频器，甚至收发系统等功能，具有电路损耗小、噪声低、频带宽、动态范围大、功率大、附加效率高、抗电磁辐射能力强等特点。

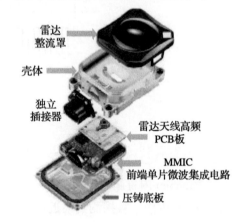

图 3-3 毫米波雷达结构示意图

毫米波雷达的关键部件前端单片微波集成电路（MMIC）技术多由国外半导体公司掌控，而高频的 MMIC 只掌握在英飞凌、恩智浦等极少数国外芯片厂商手中。我国的 MMIC 仍处于起步状态，目前已经有几家高科技公司在研发生产，相关性能仍有待验证。

(2) 雷达天线高频 PCB 板

毫米波雷达天线的主流方案是微带阵列，将高频 PCB 板集成在普通的 PCB 基板上实现天线的功能，需要在较小的集成空间中保持天线足够的信号强度。更高规格的高频 PCB 板在 77GHz 雷达的大范围运用将带来相应高频 PCB 板的巨大需求。

(3) 雷达整流罩

雷达整流罩的主要功能是满足雷达波束穿透以及保护雷达天线装置，一般使用透波性较好的非金属复合材料。

（4）主体及压铸底板

毫米波雷达的主体及压铸底板的主要功能是对雷达内部器件进行保护，一般使用铝合金材料进行轻量化设计。

4. 毫米波雷达的工作原理

毫米波雷达的工作过程是通过天线向外发射毫米波，接收机接收目标反射信号，经信号处理器处理后快速准确地获取汽车周围的环境信息，如车辆与其他物体之间的相对距离、相对速度、角度、行驶方向等。然后根据所探知的物体信息进行目标追踪和识别，融合车身动态信息，通过中央处理单元进行处理，经运算决策后，通过报警装置以声、光及触觉等多种方式告知驾驶员，或通过控制执行装置及时对车辆做出主动干预，从而保证车辆行驶的安全性和舒适性，减少事故发生。其工作过程如图 3-4 所示。

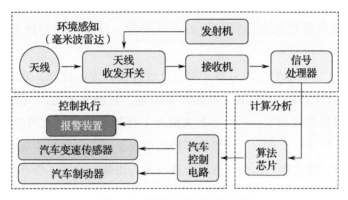

图 3-4　毫米波雷达的工作过程

5. 毫米波雷达的应用仿真

PanoSim 内置毫米波雷达 Radar_G，该传感器模拟目标级毫米波雷达返回检测范围内目标信息。

PanoSim
毫米波雷达

四、激光雷达

1. 激光雷达的定义

激光雷达是一种用激光器作为发射光源，采用光电探测技术手段的主动遥感设备。其功能包含搜索和发现目标；测量距离、速度、角位置等运动参数；测量目标反射率、散射截面和形状等特征参数。

激光雷达根据扫描机构的不同，有二维和三维两种，它们大部分都是靠旋转的反射镜将激光发射出去并通过测量发射光与从障碍物表面反射光之间的时间差来测距。三维激光雷达的反射镜还附加一定范围内的俯仰，以达到面扫描的效果。

二维激光雷达和三维激光雷达在先进驾驶辅助系统上得到了广泛应用。与三维激光雷达相比，二维激光雷达只在一个平面上扫描，结构简单，测距速度快，系统稳定可靠；但二维激光雷达用于地形复杂、路面高低不平的环境时，由于它只能在一个平面上进行单线扫描，故不可避免会出现数据失真和虚报的现象。同时，由于数据量有限，用单个二维激光雷达也无法完成越野环境下的地形重构。

2. 激光雷达的特点

1）分辨率高。激光雷达可以获得极高的角度、距离和速度分辨率。通常角分辨率不低于 0.1mard，可以分辨 3km 距离上相距 0.3m 的两个目标，并可同时跟踪多个目标，距离分辨率可达 0.1m，速度分辨率能达到 10m/s 以内。距离和速度分辨率高，意味着可以利用距离 – 多普勒成像技术来获得目标的清晰图像。分辨率高是激光雷达的最显著的优点。

2）隐蔽性好、抗有源干扰能力强。激光直线传播，方向性好，光束非常窄，只有在其传播路径上才能接收到，因此敌方截获非常困难，且激光雷达的发射系统（发射望远镜）口径很小，可接收区域窄，有意发射的激光干扰信号进入接收机的概率极低；另外，与微波雷达易受自然界广泛存在的电磁波影响的情况不同，自然界中能对激光雷达起干扰作用的信号源不多，因此激光雷达抗有源干扰的能力很强，适于工作在日益复杂和激烈的信息战环境中。

3）低空探测性能好。微波雷达由于存在各种地物回波的影响，低空存在有一定区域的盲区（无法探测的区域）。而对于激光雷达来说，只有被照射的目标才会产生反射，完全不存在地物回波的影响，因此可以"零高度"工作，低空探测性能较微波雷达强了许多。

4）体积小、质量轻。通常普通微波雷达的体积庞大，整套系统质量数以吨计，光天线口径就达几米甚至几十米。而激光雷达就要轻便、灵巧得多，发射望远镜的口径一般只有厘米级，整套系统的质量最小的只有几十千克，架设、拆收都很简便。而且激光雷达的结构相对简单，维修方便，操纵容易，价格也较低。

3. 激光雷达的结构组成

激光雷达主要由激光发射系统、激光接收系统、信息处理系统和扫描系统四部分组成，其结构示意图如图 3－5 所示。

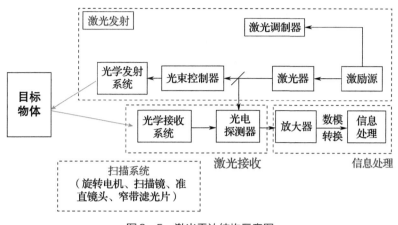

图 3-5 激光雷达结构示意图

(1) 激光发射系统

激光发射系统的激励源周期性地驱动激光器，发射激光脉冲，利用激光调制器通过光束控制器控制发射激光的方向和线数，最后通过光学发射系统将激光发射至目标物体。

(2) 激光接收系统

激光接收系统经光学接收系统光电探测器接收目标物体反射回来的激光，产生接收信号。

(3) 信息处理系统

信息处理系统将接收信号经过放大处理和数模转换后，由信息处理模块计算，获取目标表面形态、物理属性等特征，最终建立物体模型。

(4) 扫描系统

扫描系统以稳定的转速旋转，实现对所在平面的扫描，并产生实时的平面图信息。

4. 激光雷达的工作原理

激光雷达的工作原理与雷达非常相近，以激光作为信号源，由激光器发射出的脉冲激光，打到地面的树木、道路、桥梁和建筑物上，引起散射，一部分光波会反射到激光雷达的接收器上，根据激光测距原理计算，就得到从激光雷达到目标点的距离。脉冲激光不断地扫描目标物，就可以得到目标物上全部目标点的数据，用此数据进行成像处理后，就可得到精确的三维立体图像。

在激光雷达前端有一个光学发射和光学接收系统，在发射系统后端有 N 组发射模块，在接收系统后端也有 N 组与发射模块对应的接收模块。当激光雷达开始工作时，N 组发射模块和 N 组接收模块在系统电路的精确控制下，按照一定的时间顺序轮流工作，发射和接收激光束。编码器是一种用于运动控制的传感器，它利用光电、电磁、电感等原理，检测物体的机械位置及其变化，并将此信息转换为电信号作为运动控制的反馈，传递给各种运动控制装置。光学旋转编码器属于编码器中较为特殊的一种，它通过光电转换，可将输出

轴的角位移、角速度等机械量转换成相应的电脉冲以数字量输出，可以精确地测试电机角位移和旋转位置。旋转电机带动扫描镜按照一定的顺序和速度旋转，将激光器发出的激光束发射出去，然后反射回来的激光束通过光学接收系统进行处理计算，这样就可以形成光学扫描。其工作原理如图 3－6 所示。

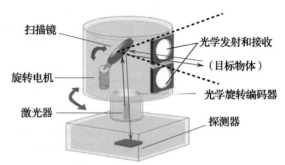

图 3－6　激光雷达工作原理

5. 激光雷达的应用仿真

PanoSim 内置激光雷达 Lidar_ObjList_G，该传感器模拟目标级激光雷达传感器返回检测范围内目标信息。

PanoSim 激光雷达

五、视觉传感器

1. 视觉传感器的定义

视觉传感器俗称摄像头，是指利用光学元件和成像装置获取外部环境图像信息的仪器。通常用图像分辨率来描述视觉传感器的性能，视觉传感器的精度与分辨率、被测物体的检测距离相关，被测物体距离越远，其绝对的位置精度越差。

车载视觉传感器用来模拟人的视觉系统，通过对采集的图片或视频进行处理，获得相应场景的三维信息，以此来理解外界的环境和控制车辆自身的运动。车辆上安装视觉传感器的目的是用摄像头代替人眼，解决物体的识别、形状与方位确认、运动轨迹判断三大问题。

在行车过程中驾驶员获取的绝大部分信息均来自于视觉，如路面状况、交通标志标线、交通信号灯、障碍物等。通过视觉传感器感知路面环境，基于视觉技术的交通标志检测、道路检测、行人检测和障碍物检测的车辆驾驶辅助系统能够降低驾驶员劳动强度，提高行驶安全。驾驶辅助系统在为驾驶员提供决策建议的过程中，使用了大量的视觉信息数据，视觉图像具有其他传感器无法比拟的优势。车载摄像头对于智能驾驶功能必不可少，是实现 ADAS 先进辅助驾驶系统预警、识别类功能的基础。车载摄像头对可靠性的要求非常高，与普通摄像头监控系统不同，车载摄像头的工作时间长，且运行环境经常处于高频振动状态，因此车载摄像头的性能测试也非常严格。密封性测试通常需要在水中浸泡数

天，温度测试通常持续1000h，还包括从 -40℃到80℃的迅速跳转。除此之外，汽车摄像头大多还具备夜视功能，以保证夜间可以正常使用。

前视摄像头使用频率最高，单一摄像头可实现多重功能。通过算法开发优化，单一前视摄像头可以实现多重功能，如行车记录、车道偏离预警、前向碰撞预警、行人识别等。前视摄像头一般为广角镜头，安装在车内后视镜上或者前风窗玻璃上较高的位置，以实现较远的有效距离。全景泊车系统在车身周围布有多个摄像头，通过安装在车身周围的多个摄像头采集车辆四周的影像，经过图像处理单元校正和拼接之后，形成全景俯视图，实时传送至中控台的显示设备上。驾驶员坐在车内以"上帝视角"非常直观地看到车辆所处的位置，以及周边的障碍物，辅助驾驶员泊车入位或通过复杂路面，能够有效减少车辆刮蹭、碰撞事故的发生。

2.视觉传感器的分类

车载视觉传感器常用的分类方式有按照芯片类型和镜头数目进行划分。

(1) 按芯片类型分类

1）电荷耦合器件（CCD）。它是一种用电荷量表示信号大小，用耦合方式传输信号的探测元件。它是一种特殊半导体器件，上面有很多一样的感光元件，每个感光元件叫一个像素。CCD在摄像机里类似于人的眼睛，起到将光线转换成电信号的作用，是一个极其重要的部件，其性能直接影响到摄像机的成像质量。它广泛应用于数码摄影、天文学等领域，尤其是光学遥测技术、光学与频谱望远镜和高速摄影技术，如图3-7所示。

2）互补金属氧化物半导体（CMOS）。它是一种大规模应用于集成电路芯片制造的原料，和CCD一样，同为在扫描仪中可记录光线变化的半导体，如图3-8所示。CMOS感光器件将接收到的外界光线转换为电能，再透过芯片上的模/数转换器将获得的影像信号转变为数字信号输出。CMOS的制造技术和一般计算机芯片没什么差别，主要是利用硅和锗这两种元素所做成的半导体，使其在CMOS上共存着N（带负电）和P（带正电）的半导体，这两个互补效应所产生的电流即可被处理芯片记录和解读成影像。

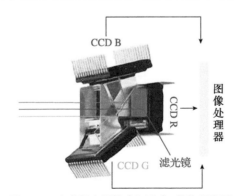

图3-7　电荷耦合器件（CCD）结构示意图

图3-8　互补金属氧化物半导体（CMOS）结构示意图

CCD 和 CMOS 传感器是当前普遍采用的图像传感器，两者都是利用感光二极管进行光电转换，把图像转换成数字信号，主要差异是数据的传输方式不同。在 CCD 传感器中，每一行的每一个像素的电荷数据都是依次传送到下一个像素中，从最底部输出，再经过传感器边缘的放大器放大输出。而在 CMOS 传感器中，当数据的传送距离较长时会产生噪声，因此需要先放大信号，然后再整合各个像素的数据。在每一个像素旁都接有一个放大器及 A/D 转换电路，用类似于内存电路的方式输出数据。

（2）按镜头数目

1）单目摄像头。单目视觉技术即安装单个摄像机进行图像采集，一般只能获取到二维图像，如图 3-9 所示。单目视觉广泛应用于智能机器人领域。然而，由于该技术受限于较低图像精度以及数据稳定性的问题，因此需要和超声波、红外线等其他类型的传感器协同工作。

图 3-9　单目摄像头实物图

2）双目摄像头。双目视觉技术是一种模拟人类双眼处理环境信息的方式，通过两个摄像机从外界采集一幅或者多幅不同视角的图像，从而建立被测物体的三维坐标，如图 3-10 所示。双目视觉技术大致分为机械臂视觉控制、移动机器人视觉控制、无人机无人船视觉控制等方向。

3）三目摄像头。三目摄像头除了包含单目摄像头功能，还加上了一个长焦摄像头负责远距离探测和一个鱼眼摄像头负责增强近距离范围的探测能力，使视野更为广阔。特斯拉电动汽车采用的三目摄像头模块如图 3-11 所示，它包含一个 120°的广角摄像头，用于监测车辆周围环境，探测距离 60m 左右；一个 50°的中距摄像头，探测距离 150m 左右；一个 35°的远距摄像头，探测距离 250m 左右。

图 3-10　双目摄像头实物图

图 3-11　三目摄像头实物图

3. 视觉传感器的结构及成像原理

（1）基本结构

视觉传感器主要由光源、镜头、图像传感器、模/数转换器、图像处理器、图像存储器等组成，其主要功能是获取足够的机器视觉系统要处理的原始图像，如图 3-12 所示。

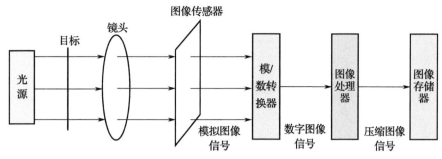

图 3-12　视觉传感器基本结构

1）光源。光源是一个物理学名词，世界上的物体有的发光，有的不发光，我们把能够自行发光且正在发光的物体叫作光源，如太阳、打开的电灯、燃烧的蜡烛等都是光源。

2）镜头。镜头是视频传感器的关键部件，它的质量好坏直接影响着摄像头的指标。镜头相当于人眼的晶状体，如果没有晶状体人眼看不到任何物体。如果没有镜头，那么摄像头所输出的图像就是白茫茫的一片，没有清晰的图像输出。

3）图像传感器。图像传感器通常使用电荷耦合器件（CCD）或互补金属氧化物半导体（CMOS）技术将光转换为电信号。图像传感器的任务本质上就是采集光源并将其转换为平衡噪声、灵敏度和动态范围的数字图像。图像是像素的集合，暗光产生暗像素，亮光产生较亮的像素。图像传感器能够确保摄像头具有正确的分辨率以适合应用，分辨率越高，图像细节越高，测量准确度越高。

4）模/数转换器。模/数转换器即通常所说的 A/D 转换器，是将模拟信号转变为数字信号的电子元件，能够把输入的电压信号转换为输出的数字信号。

5）图像处理器。图像处理器是一个进行分类、合成等处理的软件。它通过取样和量化过程，将一个以自然形式存在的图像变换为适合计算机处理的数字形式，包括图片直方图、灰度图等的显示。图片修复，即指通过图像增强或复原来改进图片的质量。

6）图像存储器。图像存储是指各种图形和影像在存储器中最多可以存储多少帧的视频信号。数字图像文件存储方式主要有位映射图像、光栅图像以及矢量图像等。

（2）工作原理

车载视觉系统是能够让汽车具备视觉感知功能的系统，利用视觉传感器获取周边环境的图像，并通过视觉处理器进行图像的分析和理解，进而转换为相应的定义符号，使汽车能够辨识并确认物体位置及各种状态。被拍摄的物体经过视觉传感器的镜头聚焦到视觉传感器上面，视觉传感器由多个 X-Y 纵横排列的像素点组成，每个像素点都由一个光电二极管及相关电路组成。光电二极管将拍摄到的光线转变成对应的电荷，在相关电路的控制下逐点输出，经放大、A/D 转换，然后形成数字视频信号输出，最后通过显示屏还原后，就可以看到和拍摄场景一样的图像了，如图 3-13 所示。

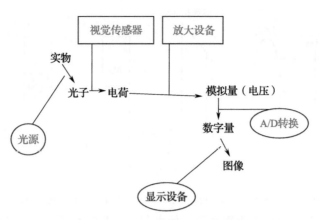

图 3-13　车载视觉系统工作原理

4. 视觉传感器的应用仿真

PanoSim 视觉传感器由单目相机、深度相机及鱼眼相机车等，基于单目相机又可细分为车道线传感器、目标真值传感器、交通灯真值传感器等。

PanoSim
视觉传感器

六、GPS/北斗导航系统结构原理与应用

1. 全球定位系统和北斗卫星导航系统的定义

全球定位系统（Global Positioning System，GPS）是美国于 1958 年研制，1964 年投入使用的一种系统。该系统利用 GPS 定位卫星，在全球范围内实时进行定位及导航。GPS 是由美国国防部研制建立的一种具有全方位、全天候、全时段、高精度的卫星导航系统，能为全球用户提供低成本、高精度的三维位置、速度和精确定时等导航信息，是卫星通信技术在导航领域的应用典范。它极大地提高了全球的信息化水平，有力地推动了数字经济的发展。其系统示意图如图 3-14 所示。

北斗卫星导航系统（BeiDou Navigation Satellite System，BDS）是我国自行研制的全球卫星导航系统，如图 3-15 所示。它是继 GPS、GLONASS 之后的第三个成熟的卫星导航系统。北斗卫星导航系统由空间段、地面段和用户段三部分组成，可在全球范围内全天候、全天时为各类用户提供高精度、高可靠定位、导航、授时服务，并且具备短报文通信能力，已经初步具备区域导航、定位和授时能力，定位精度为分米、厘米级别，测速精度 0.2m/s，授时精度 10ns（纳秒）。北斗卫星导航系统于 2000 年建成北斗一号系统，向我国提供服务；2012 年建成北斗二号系统，向亚太地区提供服务；2020 年建成北斗三号系统，向全球提供服务。

图3-14　全球定位系统示意图

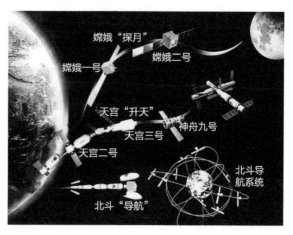

图3-15　北斗卫星导航系统示意图

2. 全球定位系统和北斗卫星导航系统技术特点

(1) 全球定位系统技术特点

1) 全球范围内连续覆盖。由于 GPS 卫星的数目比较多，其空间分布和运行周期经精心设计，可使地球上任何地点在任何时候都能观测到至少 4 颗卫星，从而保证全球范围的全天候连续三维定位。

2) 实现实时定位。GPS 定位系统可以实时确定运动载体的三维坐标和速度矢量，从而可以实时地监视和修正载体的运动方向，避开各种不利环境，选择最佳航线，这是许多导航定位技术难以企及的。

3) 定位精度高。利用 GPS 系统可以得到动态目标的高精度坐标、速度和时间信息，在较大空间尺度上对静态目标可以获得比较高的定位精度。随着技术水平的提高，定位精度技术还会有更进一步的提高。

4) 静态定位观测效率高。根据精度要求不同，GPS 静态观测时间从几分钟到数十天不等，从数据采集到数据处理基本上都是自动完成。

5) 应用广泛。GPS 以其全天候、高精度、自动化、高效益等显著特点成功应用于测绘领域、资源勘探、环境保护、农林牧渔、运载工具导航和管制、地壳运动监测、工程变形监测、地球动力学等多门学科。

(2) 北斗卫星导航系统技术特点

1) 使用三频信号。GPS 使用的是双频信号，北斗使用的是三频信号。根据双频载波信号受电离层延迟影响的差异性，通过计算出电离层延时，可以减弱电离层对电磁波信号的延迟影响。使用三频信号能更好地抵消电离层高阶误差，定位更精确，并且当某个频点无法使用时，可切换使用双频，这是北斗的后发优势。

2) 有源定位及无源定位相结合。有源定位指的是在定位过程中接收机向卫星发送位置信息，无源定位接收机无需向卫星发送信息。在有源定位技术下，只要有 2 颗卫星就能定位，而正常无源定位情况下至少要有 4 颗卫星才能实现定位。在某些环境恶劣、搜星情况不佳的情况下，有源技术也可精准定位。北斗使用了有源定位及无源定位相结合的技术，可以保证在不同的环境中进行准确定位。

3）短报文通信服务。该功能是北斗的独有技术，短报文是指用户终端与卫星之间能够通过卫星信号进行双向的信息传递，比较适合用于紧急情况下的通信。2008 年汶川大地震，震区唯一的通信方式就是北斗一代。

4）关联紧密，境内监控。北斗三号系统首创采用了 Ka 频段测量型星间链路技术。这项技术使所有北斗卫星连成一个网络，每颗星之间可以"通话"，可以测距，实现"一星通、星星通"的功能，使卫星定位的精度大幅度提高。另外各个卫星的星载原子钟之间可以同步运行，提高了整个导航系统时间同步的精度。北斗定位系统的地面监控部分均位于我国本土内，提高了系统的安全性。

5）覆盖范围广。北斗中国区域检测范围约为东经 70°～140°，北纬 5°～55°，覆盖范围较广，可满足该区域内各种设备的定位需求。

3. 全球定位系统和北斗卫星导航系统的工作原理

(1) 全球定位系统的工作原理

GPS 实施的是"到达时间差"（时延）的概念，利用每一颗 GPS 卫星的精确位置和连续发送的星上原子钟生成的导航信息获得从卫星至接收机的到达时间差。

GPS 卫星在空中连续发送带有时间和位置信息的无线电信号，供 GPS 接收机接收。由于传输距离的因素，接收机接收到信号的时刻要比卫星发送信号的时刻延迟，通常称之为时延，因此，也可以通过时延来确定距离。卫星和接收机同时产生同样的伪随机码，一旦两个码实现时间同步，接收机便能测定时延；将时延乘以光速，便能得到距离。GPS 系统结构如图 3-16 所示。

每颗 GPS 卫星上的计算机和导航信息发生器非常精确地了解其轨道位置和系统时间，而全球监测站网保持连续跟踪卫星

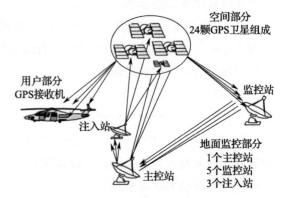

图 3-16　GPS 系统结构

的轨道位置和系统时间。位于美国科罗拉多州施里弗空军基地内的主控站与其运控段一起，至少每天一次对每颗 GPS 卫星注入校正数据。注入数据包括星座中每颗卫星的轨道位置测定和星上时钟的校正。这些校正数据是在复杂模型的基础上算出的，可在几个星期内保持有效。GPS 系统时间是由每颗卫星上原子钟的铯和铷原子频标保持的。这些卫星时钟一般来讲精确到世界协调时（UTC）的几纳秒以内，UTC 是由海军观象台的"主钟"保持的，每台主钟的稳定性为若干个 10^{-13} s。GPS 卫星早期采用两部铯频标和两部铷频标，

后来逐步改变为更多地采用铷频标。通常，在任一指定时间内，每颗卫星上只有一台频标在工作。

（2）北斗卫星导航系统的工作原理

首先由中心控制系统向卫星Ⅰ和卫星Ⅱ同时发送询问信号，经卫星转发器向服务区内的用户广播。用户响应其中一颗卫星的询问信号，并同时向两颗卫星发送响应信号，经卫星转发回中心控制系统。中心控制系统接收并解调用户发来的信号，然后根据用户的申请服务内容进行相应的数据处理。对定位申请，中心控制系统测出两个时间延迟，即从中心控制系统发出询问信号，经某一颗卫星转发到达用户，用户发出定位响应信号，经同一颗卫星转发回中心控制系统的延迟；从中心控制发出询问信号，经上述同一卫星到达用户，用户发出响应信号，经另一颗卫星转发回中心控制系统的延迟。由于中心控制系统和两颗卫星的位置均是已知的，因此由上面两个延迟量可以算出用户到第一颗卫星的距离，以及用户到两颗卫星距离之和，从而知道用户处于一个以第一颗卫星为球心的一个球面，和以两颗卫星为焦点的椭球面之间的交线上。另外中心控制系统从存储在计算机内的数字化地形图查寻到用户高程值，又可知道用户处于某一与地球基准椭球面平行的椭球面上，从而中心控制系统可最终计算出用户所在点的三维坐标，这个坐标经加密由出站信号发送给用户。

4. GPS/DR 组合定位技术介绍

车辆航位推算（Dead Reckoning，DR）方法是一种常用的自主式车辆定位技术。相对于 GPS 系统，它不用发射接收信号，不受电磁波影响，机动灵活，只要车辆能到达的地方都能定位。但是由于这种定位方法的误差随时间推移而发散，所以只能在短时间内获得较高的精度，不宜长时间单独使用。DR 是利用车辆某一时刻的位置，根据航向和速度信息，推算得到当前时刻的位置，即根据实测的汽车行驶距离和航向计算其位置和行驶轨迹。它一般不受外界环境影响，所以单独工作时不能长时间保持高精度。为了弥补 DR 系统的短板，可以将 GPS 与 DR 进行组合使用。

GPS/DR 组合定位系统主要由 GPS 传感器、电子罗盘、里程计组成。GPS 负责检测智能网联汽车所在位置的绝对经度、纬度以及海拔，电子罗盘作为航向传感器感知汽车的航向，里程计可作为速度传感器测定汽车单位时间内行驶的里程。计算机负责采集各传感器的数据并进行航迹推算、GPS 坐标变化以及数据处理，并且通过数据融合算法估算出汽车的动态位置。该系统的组成如图 3-17 所示。

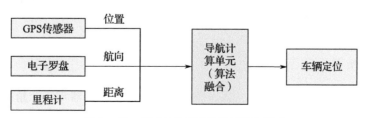

图 3-17　GPS/DR 组合定位系统的组成

5. GNSS 导航系统的应用仿真

GNSS（Global Navigation Satellite System）全球导航卫星系统传感器模拟发送传感模型所在位置的 GNSS 信息，从 UTM 坐标系转换成 WGS84 坐标系对应的经纬度。

PanoSimGNSS 导航系统结构原理与应用

七、惯性测量单元的结构原理与应用

1. 惯性测量单元的定义

惯性测量单元（Inertial Measurement Unit，IMU）是测量物体三轴姿态角（或角速率）以及加速度的装置。通常一个 IMU 包含了三个单轴的加速度计和三个单轴的陀螺，加速度计检测物体在载体坐标系统独立三轴的加速度信号，而陀螺检测载体相对于导航坐标系的角速度信号，测量物体在三维空间中的角速度和加速度，并以此解算出物体的姿态。惯性测量单元如图 3 – 18 所示。

图 3 – 18　惯性测量单元实物图

2. 惯性测量单元的技术特点

（1）惯性测量单元优点

1）只用内部传感器就可以得到测量数据，而不需要任何外界帮助。

2）惯性测量单元的测量输出能与计算机的采样计算同步。

3）高采样率和运算速度可实现很短的时延，更新频率高，工作频率可以达到 100Hz 以上。

4）短时间内的推算精度高，不会有太大的误差。

（2）惯性测量单元缺点

1）具有足够精度的惯性传感器很昂贵。

2）惯性测量单元的系统初始化时间较长。

3）即使惯性测量单元的初始化估计精度很高，当由包含漂移或偏差误差和噪声的惯性测量数据积分求解导航状态时，仍会有误差积累。

3. 惯性测量单元的工作原理

惯性测量单元属于捷联式惯导，该系统由三个加速度传感器与三个角速度传感器（陀螺）组成，加速度计用来感受汽车相对于地垂线的加速度分量，角速度传感器用来感受汽车的角度信息。该部件通过 A/D 转换器采集 IMU 各传感器的模拟变量，转换为数字信息后经过 CPU 计算，最后输出汽车的俯仰角度、倾斜角度与侧滑角度，存储器主要存储了 IMU 各传感器的线性曲线图与 IMU 各传感器的件号与序号，惯性测量单元在刚开机时，CPU 读取内存的线性曲线参数，为后续角度计算提供初始信息。

4. GPS/IMU 组合定位技术介绍

在智能网联汽车中，GPS 已经成为行车定位必不可少的技术。但 GPS 也有其本身劣势，比如信号差、有误差、更新频率低等问题，所以仅靠 GPS 无法满足智能网联汽车自动驾驶的定位需求，此时需要使用 GPS/IMU 的解决方案来实现定位。IMU 惯性测量单元拥有更高的更新频率，而且不受信号影响，因此可以很好地与 GPS 形成互补。GPS/IMU 组合定位系统结构如图 3 - 19 所示。

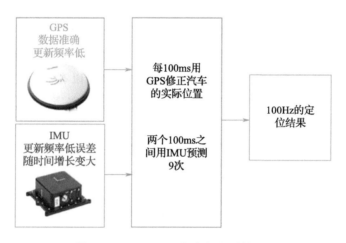

图 3 - 19　GPS/IMU 组合定位系统结构

GPS/IMU 组合定位系统通过高达100Hz 频率的全球定位和惯性更新数据，可以帮助智能网联汽车自动驾驶完成定位。GPS 是一个相对准确的定位用传感器，但是它的更新频率过低，仅有 10Hz，不足以提供足够实时的位置更新。IMU 的更新频率可以达到100Hz 或者更高，通过整合 GPS 与 IMU 可以为车辆定位提供既准确又足够实时的位置更新。

例如，在隧道中导航系统经常因为信号不好无法使用，此时 IMU 就可以增强 GPS 的导航能力。在智能网联汽车的自动驾驶系统中，当车道线识别模块失效时，利用失效之前感知到的道路信息和 IMU 对汽车航迹进行推演，仍然能够让汽车继续在车道内行驶。

GPS 和 IMU 组合是为了融合 IMU 的航向速度、角速度和加速度信息，来提高 GPS 的精度和抗干扰能力。GPS 只提供位置信息，IMU 还可以提供航向姿态信息，同时 IMU 会提供车辆不同的角度等信息，该信息不但可以用于车辆定位，还可用于车辆动力学控制。此外，根据 IMU 提供的信息，控制单元可以非常敏锐地实时监测到车辆姿态的变化，可以更精准地识别一些比较复杂的路况信息。

5. 惯性测量单元的应用仿真

IMU（Inertial Measurement Unit）惯性测量单元传感器主要模拟具有 6 通道输出信号的三轴惯性导航单元。

PanoSim 惯性测量单元
的结构原理与应用

八、4D 车载毫米波雷达

1. 传统毫米波雷达应用、不足和 4D 毫米波雷达优缺点

毫米波雷达在汽车上的应用比较多，如 AEB、FCW、BSD 等，特别是自动紧急制动（AEB）功能。根据国外相关数据分析显示，自动紧急制动功能可以做到提前预警，显著降低车祸致死率；另外，自动紧急制动功能可以有效降低碰撞后的伤害程度，及时进行前方碰撞预警，有效感知车外的环境，进行静态、动态的识别，减少汽车事故频率。

主流观点认为目前毫米波雷达主要应用在 L3 以下的自动驾驶，但在一些特定场景如景区无人巴士，也可实现 L2 以上自动驾驶应用。传统毫米波雷达的优点包括：高分辨率，小尺寸；干扰小，频率高、波长短，探测稳定性高；可以直接测量距离和速度信息；可以轻易穿透灰尘和雨水，在恶劣气候下仍然具备较强工作能力。但是，传统毫米波雷达有以下缺点：覆盖区域成扇形，有盲点区域；金属物体反射不佳；难以得到 3D 点云。传统毫米波雷达和 4D 毫米波雷达前端覆盖距离、角度、事物等对比如图 3 – 20 所示。图中 Current Radar 包含传统毫米波雷达短距离（short – range radar）、中距离（mid – range radar）、长距离（long – range radar），它们组合起来分别检测车辆前端覆盖距离、角度、事物等，短距离毫米波雷达检测角度为正前方 80°角度、距离为 30m，中距离毫米波雷达检测角度为正前方 60°角度、距离为 60m，长距离毫米波雷达检测角度为正前方 18°角度、距离为 200m，并且对于细小物体检测不敏感；图中 4D Imaging Radar 是 4D 毫米波成像雷达（简称 4D 毫米波雷达、4D 雷达），对于同样路段进行检测，4D 毫米波雷达可以检测角度为正前方 100°角度、距离为 300m、对于同样路段细小物体，比如自行车、摩托车等物体都能够进行检测。相比较而言，4D 毫米波雷达的优点包括：除了具备传统毫米波雷达优点外，还具备测高能力；具有更高分辨率、更广视场角、更长探测距离，以及赋予机器学习能力；缺点主要是目前量产准备不足。

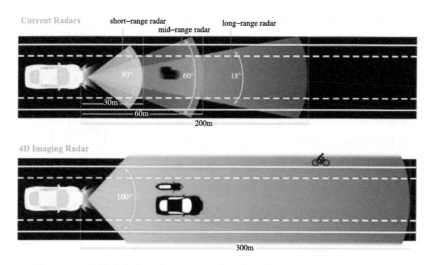

图3-20 传统毫米波雷达和4D毫米波雷达前端覆盖距离、角度、事物对比

2. 4D 毫米波雷达技术路线及方案

毫米波雷达利用了 FMCW 电磁波，其基本工作原理是通过天线发送电磁波，再通过目标反射回来，实现对目标的检测。4D 毫米波雷达在传统的毫米波雷达的技术基础上，结合现在的技术手段进行了深入的系统、算法等方面的优化，克服传统毫米波雷达的一些明显缺点，如全天候不足、距离不远、精度不高等。同时，4D 毫米波雷达在激光雷达的缺点，如在雨雪雾等极端天气下性能较差、采集的数据量过大而难以处理、成本昂贵等方面有所改进。表 3-1 是 4D 毫米波雷达与激光雷达的主要性能对比，从表中性能对比指标可以看出 4D 毫米波雷达能够达到设计初衷，能够更好地满足智能汽车对感知系统的要求。

表3-1 4D 毫米波雷达与激光雷达的主要性能对比

性能	4D 毫米波雷达	激光雷达
测距/测速	纵向精度高，横向精度低	精度高
行人、物体识别	易识别	易识别
道路标线、交通信号	无法识别	无法识别
恶劣天气（雨雪雾等）	不受影响	易受影响
光照	不受影响	不受影响
电磁干扰/电磁屏蔽	易受影响	不受影响
算法、技术成熟度	较高	成本高，门槛高
成本	较高	高

下面介绍常见的 4D 毫米波雷达的实现技术路线。

（1）技术路线一

在传统毫米波雷达的基础工艺之上，加入不同的芯片组，通过天线的串并联等实现同一物理结构的天线，组合达到实现多个天线的功能。图 3-21 所示 4D 毫米波雷达芯片级联示意图中，天线芯片可以串联或者是并联组合。将英飞凌、德州仪器、NXP 等公司的 77G 和 79G 标准雷达芯片通过二级联/四级联/八级联来增加实体天线 MIMO，以达到提高分辨率的目的。

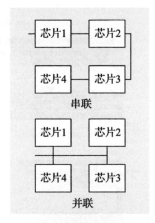

图 3-21　4D 毫米波雷达芯片级联示意图

（2）技术路线二

在传统毫米波雷达的基础工艺之上，加入不同的芯片组，将多发多收天线集成在一颗芯片中，通过控制专用芯片来实现天线数的增加，以达到提高分辨率的目的。典型案例是基于 AWR2243 的 4 片级联 4D 毫米波雷达全套设计方案，此方案中包括最难搞的天线也考虑集成在芯片内，内嵌 4-element series-fed patch 天线以实现更高分辨率。

（3）技术路线三

基于现有的芯片，在级联方式基础上再通过独特的虚拟孔径成像软件算法和天线设计做成高倍数虚拟 MIMO，以达到在原来物理天线数基础上再虚拟出十倍、数十倍的天线数来提高分辨率，最终成功地把角分辨率从 10°直接提升到 1°。图 3-22 是 4D 毫米波雷达虚拟孔径成像软件算法波形示意图，图中实线只有一种工作频率，图中虚线部分可以模拟出不同的工作频率、相位、幅值等，达到虚拟孔径成像的目的。

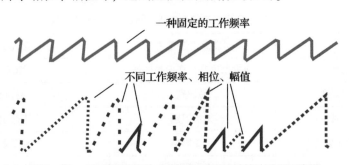

图 3-22　4D 毫米波雷达虚拟孔径成像软件算法波形示意图

典型案例有傲酷虚拟孔径成像雷达。虚拟孔径成像雷达波形可以对每个载波进行自适应调频、调相、调幅，每根接收天线在不同时间产生不同的相位，形成"虚拟天线孔径"。傲酷雷达用虚拟孔径成像的技术（主流车规级芯片 + 虚拟孔径成像算法 + 独特天线设计）提高角分辨率，不仅抗干扰性强，还极大地提升了横向纵向角分辨率。

纳瓦电子基于其多年在微波天线和算法方面的积累，推出了 6 级联 18T24R、432 虚拟通道、超高分辨率、高密度点云数据的成像雷达，采用了业内最领先的技术。纳瓦电子 4D 高精成像毫米波雷达除了具有虚拟通道增加、点云数据倍增、超高分辨率这些优势外，还具有以下技术创新特点：采用 HBF（Hybrid Beamforming）混合波束成形结合 DML 技术，将一维角分辨率提高到 ≤1.5°，并显著降低 MIMO 数字信号处理的复杂度，降低了运算平台成本；采用复杂编码调制的 MIMO 虚拟天线技术，具有低干扰和更高的干扰缓解能力，大幅缩短了雷达收发工作时间，降低了对其他无线电设备的干扰可能性；采用独创的稀疏重建算法，并结合对应的天线阵列设计，显著降低 4D 成像雷达的硬件设计复杂度、数据量，同时大幅提升了成像质量。

（4）技术路线四

通过使用超材料（表面上嵌入了显微结构，可实现电磁波滤波器的小型化）来研发全新的雷达架构，这些结构可以与电磁波传播技术结合使用，从而创建出比传统电路要小很多的电路，以增加天线数量，提高分辨率。

下面就 4D 毫米波雷达 4 种主要技术路线的主要优缺点进行对比，见表 3 - 2。

表 3 - 2　4D 毫米波雷达 4 种技术路线的主要优缺点对比

	第一种	第二种	第三种	第四种
优点	多个低功率毫米波级联在一起，显著提高了角分辨率和测距性能	显著提高了角分辨率和测距性能；尺寸小；功耗相对低	不再受物理天线数的局限，可极大提升角分辨率，随着算法的不断优化，虚拟倍数还可能进一步提升；抗干扰能力强；尺寸小、功耗低	创建出比传统电路要小很多的电路，显著提高了角分辨率和测距性能；尺寸小；功耗低
缺点	尺寸较大，成本、功耗高；天线之间互相干扰，信噪比较低	信噪比低	虚拟孔径成像算法的壁垒很高；帧率变慢，反应速度也变慢	受限于上游超材料供应链，基础较弱，该技术路线的商业化落地困难

4D 毫米波雷达在智能汽车方面的应用场景及主要特点如下：①高速路段：远距离，高功率，响应速度快，垂直角度小，水平角度大；②低速城市路段：近距离，低功率，响应速度快，垂直角度大，水平角度大；③转弯：近距离，低功率，响应速度快，垂直角度小，水平角度大；④上下坡：近距离，低功率，响应速度快，垂直角度大，水平角度小；⑤变道：近距离，低功率，响应速度快，垂直角度小，水平角度大；⑥超车：近距离，低功率，响应速度快，垂直角度小，水平角度大；⑦变速：近距离，低功率，响应速度快，

垂直角度小，水平角度大；⑧泊车：近距离，低功率，响应速度慢，垂直角度小，水平角度大。

在4D毫米波雷达出厂后，还需对其进行标定测试和云端测试，包括云端大数据的场景应用。

 复习题

一、名词解释

1. 车用传感器

2. 超声波传感器

3. 毫米波雷达

4. 激光雷达

5. 视觉传感器

二、简答题

1. 汽车传感器的特点有哪些？

2. 超声波传感器的特点有哪些？

3. 超声波传感器的测距原理是什么？

4. 毫米波雷达的优势是什么？

5. 激光雷达由哪些结构组成？

04 第四章
智能网联汽车无线通信技术原理与应用

一、无线通信技术的定义及分类

无线通信是利用电磁波信号可以在自由空间中传播的特性进行信息交换的一种通信方式。该系统一般由发射器、传输介质和接收器组成，传输介质一般为电磁波，发射器和接收器需要安装天线来对信号进行收发。其系统的组成如图4-1所示。

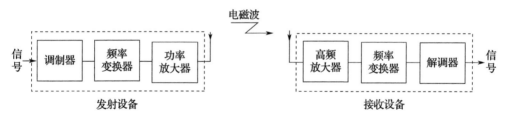

图4-1　无线通信系统的组成

发射设备是将原始的信号源转换成适合在给定传输介质上传输的信号，其中包括调制、频率变换、功率放大等。调制器将低频信号加到高频载波信号上，频率变换器进一步将信号变换成发射电波所需要的频率（如短波频率、微波频率等），经功率放大器放大后，再通过天线发射出去进行传输。

接收设备是将收到的信号还原成原来的信息送至接收端。接收设备把天线接收下来的射频载波信号，经过信号放大、频率变换，最后经过解调的过程再将原始信息恢复出来，完成无线通信。

无线通信技术一般可分为两类：移动无线通信技术和短程无线通信技术。其中移动无线通信技术主要是基于蜂窝网络进行通信，该技术依靠中央协调的方式进行操作；短程无线通信技术主要是采用分布式系统进行操作。在车联网技术当中，用于车辆间通信的短程无线通信技术正在从基础设施的支持以及中央服务中获益，且可以使用分配好的专用频段。本书主要介绍这两类无线通信技术在当前量产车型中的应用。

二、4G 技术

1. 4G 网络技术的定义

4G 网络技术是第四代移动通信系统，该系统是在 3G 技术上的一次改良并基于 LTE（Long Term Evolution，长期演进技术）发展而来的。LTE 是由 3GPP 组织制定的 UMTS 技术标准的长期演进，在 2009 年投入使用，在 2010 年国际电信联盟将 LTE 正式命名为 4G。该技术是基于重新设计的空中接口、重新设计的无线接入网络和重新设计的核心网络，在 4G 技术中所有网络组件的基本技术为 IP。

2. 4G 网络技术的特点

（1）高速率

4G 的信息传输速率要比 3G 高一个等级，最高传输速率从 2Mbit/s 提高到 10Mbit/s。

（2）灵活性强

4G 采用智能技术，可自适应地进行资源分配。它采用智能信号处理技术对信道条件不同的各种复杂环境进行信号的正常收发，有很强的智能性、适应性和灵活性。

（3）兼容性好

目前 ITU（International Telecommunication Union，国际电信联盟）承认的、已有相当规模的移动通信标准有 GSM、CDMA 和 TDMA 三大分支，可通过 4G 标准的制定来解决兼容问题。

（4）用户共存性

4G 能根据网络的状况和信道条件进行自适应处理，使低、高速用户和各种用户设备能够并存和互通，从而满足多类型用户的需求。

（5）业务多样性

未来通信中所需的是多媒体通信：个人通信、信息系统、广播和娱乐等将结合成一个整体。4G 能提供各种标准的通信业务，满足宽带和综合多种业务需求。

（6）技术基础较好

4G 以几项突破性技术为基础，如 OFDM、无线接入、软件无线电等，能大幅提高频率使用效率和系统可实现性。

（7）随时随地的移动接入

4G 利用无线接入技术，提供话音、高速信息业务、广播及娱乐等多媒体业务接入方式，用户可随时随地接入系统。

（8）自治的网络结构

4G 网络是一个完全自治、自适应的网络，可自动管理、动态改变自己的结构，以满足系统变化和发展的要求。

3.4G 网络技术的架构

整个 4G 网络从接入网和核心网方面分为 E－UTRAN 和 EPC 两个大的部分。其系统架构如图 4－2 所示。

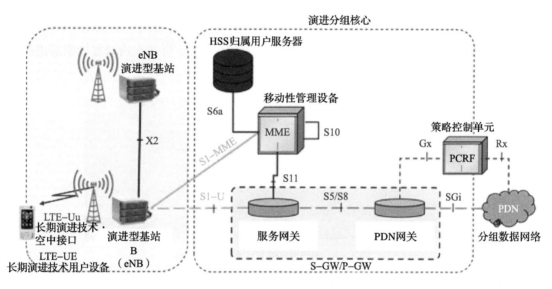

图 4－2　4G 网络的系统架构

（1）E－UTRAN

E－UTRAN（Evolved Universal Terrestrial Radio Access Network）在系统性能和能力方面的研究目标主要是更高的空中接口峰值速率以及频谱效率。在 E－UTRAN 中，eNodeB 之间底层采用 IP 传输，在逻辑上通过 X2 接口互相连接，即形成网状网络。这样的网络结构设计主要用于支持 UE 在整个网络内的移动性，保证用户的无缝切换。每个 eNodeB 通过 S1 接口和移动性管理设备/服务网关（Mobility Management Entity，MME/Serving Gateway，S－GW）连接，一个 eNodeB 可以和多个 MME/S－GW 互联，反之亦然。在 E－UTRAN 网络中，由于没有了 RNC，整个 E－UTRAN 的空中接口协议结构与原来的 UTRAN 相比有了较大的不同，特别是不同功能实体的位置出现了很多的变化。原来由 RNC 承担的功能被分散到了 eNodeB 和 MME/S－GW 上。

（2）EPC

EPC（Evolved Packet Core）核心网主要由移动性管理设备（MME）、服务网关（S – GW）、分组数据网关（P – GW）、存储用户签约信息的 HSS、策略控制单元（PCRF）等组成，其中 S – GW 和 P – GW 可以合设，也可以分设。EPC 核心网架构秉承了控制与承载分离的理念，将分组域中 SGSN 的移动性管理、信令控制功能和媒体转发功能分离出来，分别由两个网元来完成，其中，MME 负责移动性管理、信令处理等功能，S – GW 负责媒体流处理及转发等功能，P – GW 则仍承担 GGSN 的职能。4G 网络中取消了 RNC 网元，将其功能分别移至基站 eNodeB 和核心网网元，eNodeB 将直接通过 S1 接口与 MME、S – GW 互通，简化了无线系统的结构。

4. 4G 网络技术在智能网联汽车中的应用

本书介绍的 4G 网络技术在汽车中的应用系统是起亚凯酷汽车的 IOT（Internet Of Things）系统，该系统可以连接车机和用户家中的智能家居，可在车内对智能家居进行控制。该系统设置界面如图 4 – 3 所示。

图 4 - 3　凯酷汽车的 IOT 系统设置界面

该系统是起亚集团和百度公司联合开发的智能车家互联系统，该系统基于 4G 通信技术进行通信，用户可以通过凯酷 12.3in 仪表的启动凯酷的 "互联控制" 系统，该系统启动后可以直接通过车机系统控制已经绑定的智能家居设备。该系统的操作界面如图 4 – 4 所示。

图 4 - 4　凯酷汽车的 IOT 车家互联系统

目前凯酷汽车 IOT 车家互联系统支持的智能家居类型包括:控制照明（开/关/调节亮度）、智能按钮（开/关）、空气净化器（开/关/预报空气质量/调整风速、变更模式）、清洁机器人（开/关/自动模式/充电）、智能窗帘（开/关）。

三、蓝牙技术

1. 蓝牙技术的定义

蓝牙技术是由爱立信(Ericsson)、诺基亚（Nokia）、东芝（Toshiba）、国际商用机器公司（IBM）和英特尔（Intel）于 1998 年 5 月联合发布的一种无线通信新技术，其技术标志如图 4-5 所示。

图 4-5　蓝牙技术标志

蓝牙技术是一种支持设备短程通信（一般 10m 内）的无线电技术，能在包括移动电话、掌上电脑、无线耳机、笔记本电脑、智能汽车、智能家居等多种智能设备之间进行无线信息交互。蓝牙技术可以有效地简化移动通信终端设备之间的通信，也可简化设备与因特网之间的通信，使数据通信更加迅速高效。

2. 蓝牙技术的优势

（1）通用性极强

蓝牙工作在 2.4GHz 的 ISM 频段，全球大多数国家 ISM 频段的范围是 2.4～2.4835GHz。使用该频段无需向各国的无线电资源管理部门申请许可证，便可直接使用。

（2）同时可传输语音和数据

蓝牙采用电路交换和分组交换技术，支持异步数据信道、三路语音信道以及异步数据与同步语音同时传输的信道。每个语音信道数据速率为 64kbit/s，语音信号编码采用脉冲编码调制（PCM）或连续可变斜率增量调制（CVSD）方法。当采用非对称信道传输数据时，速率最高为 721kbit/s，反向为 57.6kbit/s；当采用对称信道传输数据时，速率最高为 342.6kbit/s。蓝牙有两种链路类型，分别是异步无连接（ACL）链路和同步面向连接（SCO）链路。

（3）可以建立临时性的对等连接

根据蓝牙设备在网络中的角色，可分为主设备（Master）与从设备（Slave）。主设备是组网连接主动发起连接请求的蓝牙设备，几个蓝牙设备连接成一个皮网（Piconet）时，其中只有一个主设备，其余的均为从设备。皮网是蓝牙最基本的一种网络形式，最简单的皮网是一个主设备和一个从设备组成的点对点的通信连接。通过时分复用技术，一个蓝牙设备便可以同时与几个不同的皮网保持同步，具体来说，就是该设备按照一定的时间顺序参与不同的皮网，即某一时刻参与某一皮网，而下一时刻参与另一个皮网。

（4）抗干扰能力强

工作在 ISM 频段的无线电设备有很多种，例如微波炉、WLAN 等产品，为了抵抗这些设备产生的干扰，蓝牙采用了调频的方式来扩展频谱。设备在某个频点（将 2.402 ~ 2.48GHz 频段分成 79 个频点，相邻频点间隔 1MHz）发送，可有效地避免设备产生干扰。

（5）体积小

蓝牙模块体积很小，嵌入式蓝牙设备的体积更小。例如 SKYLAB 推出的蓝牙 5.0 模块 SKB501，其尺寸仅为 17.4mm×13.7mm×1.0mm。

（6）功耗低

蓝牙设备在通信连接（Connection）状态下，有四种工作模式：激活（Active）模式、呼吸（Sniff）模式、保持（Hold）模式和休眠（Park）模式。激活模式是正常的工作状态，另外三种模式是为了节能所规定的低功耗模式。

（7）开放的接口标准

蓝牙技术联盟（SIG）为了推广蓝牙技术的应用，将蓝牙的技术标准全部公开，全世界范围内的任何单位和个人都可以进行蓝牙产品的开发，只要最终通过 SIG 的蓝牙产品兼容性测试，就可以推向市场。

（8）成本低

随着市场需求的扩大，各个供应商纷纷推出自己的蓝牙芯片和模块，蓝牙产品价格逐渐下降。

3. 蓝牙技术的发展及组成

蓝牙技术经历过多代版本更替。1999 年蓝牙 1.0 发布，早期的蓝牙 1.0 存在多个问题，有多家厂商指出它们的产品互不兼容。同时，在两个设备"链接"（Hand shaking）的过程中，蓝牙硬件的地址（BD_ADDR）会被发送出去，在协议的层面上不能做到匿名，造成泄露数据的危险。因此，1.0 版本推出以后，蓝牙并未立即受到广泛的应用。当时应用蓝牙功能的电子设备种类少，蓝牙装置也十分昂贵。2001 年蓝牙 1.1 发布，正式列入 IEEE 802.15.1 标准，该标准定义了物理层（PHY）和媒体访问控制（MAC）规范，用于设备间的无线连接，传输率为 0.7Mbit/s。但因为是早期设计，容易受到同频率之间产品干扰，影响通信质量。2003 年蓝牙 1.2 发布，其针对 1.0 暴露出的安全性问题，完善了匿名方式，新增屏蔽设备的硬件地址（BD_ADDR）功能，保护用户免受身份嗅探攻击和跟踪，同时向下兼容 1.1 版。

2004 年蓝牙 2.0 发布，它是 1.2 版本的改良版，新增的 EDR（Enhanced Data Rate）技术通过提高多任务处理和多种蓝牙设备同时运行的能力，使得蓝牙设备的传输率可达 3Mbit/s。蓝牙 2.0 支持双工模式，可以一边进行语音通信，一边传输文档/高质量图片。2007 年蓝牙 2.1 发布，它新增了 Sniff Subrating 省电功能，将设备间相互确认的讯号发送时间间隔从旧版的 0.1s 延长到 0.5s 左右，从而让蓝牙芯片的工作负载大幅降低。

2009 年蓝牙 3.0 发布，它新增了可选技术 High Speed。High Speed 可以使蓝牙调用 802.1Wi-Fi 用于实现高速数据传输，传输率高达 24Mbit/s，是蓝牙 2.0 的 8 倍，轻松实现录像机至高清电视、PC 至 PMP、UMPC 至打印机之间的资料传输。蓝牙 3.0 的核心是 AMP（Generic Alternate MAC/PHY），这是一种全新的交替射频技术，允许蓝牙协议栈针对任一任务动态地选择正确射频。功耗方面，蓝牙 3.0 引入了 EPC 增强电源控制技术，再辅以 802.11，实际空闲功耗明显降低。此外，新的规范还加入 UCD 单向广播无连接数据技术，提高了蓝牙设备的相应能力。

2010 年蓝牙 4.0 发布，它是迄今为止第一个蓝牙综合协议规范，将三种规格集成在一起。其中最重要的变化就是 BLE（Bluetooth Low Energy）低功耗功能，提出了低功耗蓝牙、传统蓝牙和高速蓝牙三种模式。2013 年蓝牙 4.1 发布，它在传输速度和传输范围上变化很小，但在软件方面有着明显的改进。此次更新目的是让 Bluetooth Smart 技术最终成为物联网（Internet of Things）发展的核心动力。2014 年蓝牙 4.2 发布，它的传输速度更加快速，比上代提高了 2.5 倍，因为蓝牙智能（Bluetooth Smart）数据包的容量提高，其可容纳的数据量相当于此前的 10 倍左右。

2016 年蓝牙 5.0 发布，它在低功耗模式下具备更快更远的传输能力，传输速率是蓝牙 4.2 的 2 倍（速度上限为 2Mbps），有效传输距离是蓝牙 4.2 的 4 倍（理论上可达 300m），数据包容量是蓝牙 4.2 的 8 倍。它支持室内定位导航功能，结合 Wi-Fi 可以实现精度小于 1m 的室内定位，针对 IoT 物联网进行底层优化，力求以更低的功耗和更高的性能为智能家居服务。2019 年蓝牙 5.1 正式发布，它支持位置查找特征，定位的精度大幅提升，可以达到厘米级精度，该定位精度可以在室内导航、寻位等领域发挥重要的作用。2020 年蓝牙 5.2 发布，新版本蓝牙核心规范针对低功耗蓝牙（Bluetooth Low Energy）增加了三个新功能，新增的功能包括增强型属性协议 EATT（Enhanced Attribute Protocol）、LE 功率控制（LE Power Control）以及 LE 同步信道（LE Isochronous Channels）。蓝牙 5.2 版本中对 EATT 协议进行了完善，用于快速读取属性值，这一新增功能将提高基于 ATT 协议的信息沟通效率，实现快速服务发现（Fast Service Discovery）等功能。可以预见，快速服务发现功能将在下一代蓝牙音频技术中得到应用，以实现音频设备间快速交换相关服务信息。蓝牙 5.2 版本定义了低功耗蓝牙的双向功率控制协议（LE Power Control），可用于实现多种应用场景，有助于在保持连接的情况下进一步降低功耗并提高设备连接的稳定性和可靠性。LE 同步信道为实现下一代蓝牙音频的多声道音频流（Multi-Stream Audio）和基于广播音频流的共享音频（Audio Sharing）应用打下了基础。根据 5.2 版本核心规范，一个同步组可以包括最多 31 个不同的同步音频流，在广播同步模式下可以实现通讯范围内无限多个音频接收端同时收听分享的音频流。

4. 蓝牙技术在智能网联汽车中的应用

本书介绍的蓝牙技术应用是起亚凯酷汽车基于 BLE 的智能车辆钥匙，如图 4-6 所示。

该系统原理是基于蓝牙通信原理，在实际应用中，用户需要安装专用于凯酷车辆控制的 APP，该 APP 与车辆进行连接后，不但可以直接当成车钥匙功能使用，还可以控制发动机的启停、提前设置空调温度、车辆查找、关闭车门、关闭车窗等功能。

图 4-6　蓝牙智能 BLE 车辆钥匙

每辆车可以设置三个账号，通过手机 BLE 功能代替车钥匙开启车门并起动发动机。该技术使用蓝牙 5.0 协议，有效传输距离约为 300m，传输数据的最大速率可达 2Mbit/s，广播模式的信息容量可达 255B 并且其功耗较低。

凯酷的汽车蓝牙钥匙如图 4-7 所示。凯酷汽车蓝牙钥匙可以显示车辆的可行驶距离、车辆状态更新时间，可实现提前起动发动机、关闭发动机、车门解锁、车门上锁等功能。

以下为应用的几种场景：

场景一：在寒冷的冬季，出门前用手机起动发动机，设置好理想的车内温度。

场景二：在炎热的夏季，无需再忍受滚烫的车内温度，上车前提前设置好空调温度。

场景三：快节奏的都市生活，匆匆忙忙难免会忘记携带车钥匙，手机可以替代钥匙开启车门并起动发动机。

图 4-7　凯酷汽车蓝牙钥匙

四、Wi-Fi 技术

1. Wi-Fi 技术定义

Wi-Fi 是一种可以将个人电脑、手持设备（如 ipad、手机）等终端以无线方式互相连接的技术，该技术是以 IEEE 802.11 标准为基础发展起来的标准无线局域网技术。随着技术的发展以及 IEEE 802.11a、IEEE 802.11g、IEEE 802.11n 等标准的出现，现在 IEEE 802.11 这个标准已统称为 Wi-Fi 技术。Wi-Fi 技术当前分为 2.4GHz 和 5.0GHz 两个频段，其区别如下。

（1）属性区别

2.4GHz 信号频率低，在空气或障碍物中传播衰减较小，传输距离更远，由于家电、无线设备大多使用 2.4GHz 的频段，因此该频率下无线设备较多，使用环境较为拥挤，干扰较大。5.0GHz 信号频率较高，带宽大、稳定性好，连接多个设备时不会出现信道拥挤、外设掉线的情况，但由于其频率较高，在空气或障碍物中传播衰减较大，覆盖距离比 2.4GHz 小。

（2）支持设备数量区别

2.4GHz 的频率大多数移动设备及无线网卡都支持，5.0GHz 是近几年兴起的 Wi-Fi 频段，支持该频段的设备相对 2.4GHz 频段的设备少。

（3）频率设备区别

双频无线路由器可同时在 2.4GHz 和 5.0GHz 的频率下工作，而单频无线路由器只能在 2.4GHz 的频率下工作。

2. Wi-Fi 技术的特点

（1）覆盖范围大

Wi-Fi 的覆盖半径可以达到数百米，而且解决了高速移动时数据的纠错问题和误码问题，Wi-Fi 设备与设备、设备与基站之间的切换和安全认证都得到了很好的解决。

（2）传输速率快且可靠性高

不同版本传播速率不同，基于 802.11n 的传播速率可以达到 600Mbit/s。

（3）健康安全

IEEE 802.11 规定的发射功率不可超过 100mW，实际发射功率为 60~70mW，辐射非常小。

（4）不需要布线

Wi-Fi 可以不受布线条件的限制，不需要网络布线，适合移动设备。

（5）组网容易

只要在需要的地方设置接入点，并通过高速线路将互联网接入，用户只需将支持无线局域网的设备拿到该区域，即可接入互联网。

3. Wi-Fi 技术的技术标准

1997 年，IEEE 802.11 标准问世，1999 Wi-Fi 联盟成立，又推出了 802.11a、802.11b、

802.11g、802.11n 等多个标准。每一代标准采用的技术和协议都更加完善，数据传输速率、安全性、抗干扰性能也在逐步提高。IEEE 802.11 系列标准的区别见表4-1。

表4-1　IEEE 802.11 系列标准的区别

技术要素	802.11a	802.11b	802.11g	802.11n	802.11ac
发布时间	1999 年	1999 年	2003 年	2009 年	2012 年
数据速率	54Mbit/s	11Mbit/s	54Mbit/s	300 + Mbit/s	1Gbit/s
实际吞吐量	25Mbit/s	5Mbit/s	25Mbit/s	100 + Mbit/s	300 + Mbit/s
工作制式	OFDM	DSSS、CCK	DSSS、CCK、OFDM	DSSS、CCK、OFDM	OFDM
射频波段	5GHz	2.4GHz	2.4GHz	2.4GHz 或 5GHz	5GHz
MIMO 空间流	1	1	1	1，2，3，4	8
频宽	20MHz	20MHz	20MHz	20MHz、40MHz	20MHz、40MHz、80MHz、160MHz

1999 年发布的 802.11a 标准采用了与原始标准相同的核心协议，工作频率为5GHz，使用52 个正交频分多路复用副载波，最大原始数据传输为54Mbit/s，实际网络吞吐量可达到25Mbit/s。802.11a 拥有 12 条不相互重叠的频道，8 条用于室内，4 条用于点对点传输。802.11a 采用了更高频率的 5GHz，频段不会和 2.4GHz 冲突，传输带宽更大，但穿透和绕开障碍物的能力减弱。同年推出的 802.11b 是工作在 2.4GHz（2.4 ~ 2.483GHz）频段的高速物理层规范。物理层的调制方式为 CCK（补码键控）的 DSSS，数据传输速率可达到 11Mbit/s，无须直线传播。传输距离控制在 15 ~ 45m。传输速率能够从 11Mbit/s 自动降到 5.5Mbit/s，或者根据直接序列扩频技术调整到 2Mbit/s 和 1Mbit/s，以保证设备正常、稳定地运行。

2003 年发布了 802.11g 标准，该标准是在 802.11b 上发展而来，工作在 2.4GHz 频段。提供高达 54Mbit/s 的数据传输速率，利用互补键控（cck）调制，与 802.11b 兼容，同时采用正交频分复用（OFDM）调制。802.11g 支持"纯 802.11b""混合 802.11b/g"和纯"802.11g"三种模式。混合模式需要特殊的保护机制。同样支持 13 个离散通道，有 3 个通道完全不重叠。

2009 年发布了 802.11n 标准，802.11n 可以工作在 2.4GHz 和 5GHz 两个频段，传输速度理论值为 300Mbit/s，因此需要在物理层产生更高速度的传输率。此项标准要比 802.11b 快 50 倍，而比 802.11g 快 10 倍左右。802.11n 也将比 802.11b/g 无线网络传送到更远的距离。802.11n 增加了对于 MIMO（多进多出）的标准，使用多个发射和接收天线允许更高的数据传输率，并使用了 Alamouti 编码方案来增加传输范围。802.11n 支持在标准带宽（20MHz）上的速率包括（单位 Mbit/s）：7.2、14.4、21.7、28.0、43.3、57.8、65、72.2。使用 4×4 MIMO 时速度最高为 300Mbit/s。802.11n 也支持双倍带宽（40MHz），当使用 40MHz 带宽和 4×4 MIMO 时，速度最高可达 600Mbit/s。

2012 年发布了 802.11ac 标准，802.11ac 主要是基于 802.11a 发展而来，结合了

802.11n 的 MIMO。工作在 5.0GHz 频段，可以兼容 802.11a、802.11n，工作频宽在当前 20MHz 的基础上增至 40MHz 或者 80MHz，甚至有可能达到 160MHz。传输速度最高可达到 1Gbit/s，是 802.11n 传输速度 300Mbit/s 的三倍多。

4. Wi-Fi 技术在汽车中的应用

本书介绍的当前量产汽车使用的基于 Wi-Fi 技术开发的 CarPlay 系统。CarPlay 系统是由美国苹果公司发布的一款车载系统，该系统支持 iOS 设备和车机系统进行连接，可使用 iOS 设备与车机系统进行交互控制，是一款十分便利的车机交互系统。CarPlay 系统界面如图 4-8 所示。

图 4-8　CarPlay 系统界面

无线 CarPlay 系统于 2019 年发布，目前已经搭载与多种车型上，用户可以通过开启 Wi-Fi 与车机系统进行连接，连接成功后即可通过多种方式控制车机。2020 年基于 iOS13 版本的 CarPlay 支持分屏显示，分屏模式下可以支持第三方地图、第三方应用软件等概览显示，使驾驶员可以全局掌握正在运行的应用软件。它同时支持白天/暗黑模式，驾驶员在驾驶车辆的时候经常会遇到过隧道等情况，CarPlay 车载系统支持暗黑模式模式，不会让驾驶员因中控屏幕过亮晃眼睛；白天与暗黑模式的切换，可以随汽车的前照灯控制，全程自动切换。之前版本的 CarPlay 在导航的时候，一旦手机退出正在导航的画面，中控也随之回到主页，给驾驶带来很多的不便，新版的 CarPlay 可以独立于手机运行了，这样中控正在导航的时候，在操作手机任何的应用，都不会退出中控的画面。CarPlay 现在是真正意义上的车载系统，相当于汽车中控与手机是两套完全独立的系统，互不干扰，加上无线连接，让驾驶变得非常方便。CarPlay 的控制方式主要有以下三种。

（1）Siri 控制

可通过长按车内的某个实体按钮或长按 CarPlay 界面的虚拟 Home 键的方式来触发 iOS 的语音助手 Siri，可以对 Siri 说出各种指令，Siri 会识别用户的需求，做出相应的回答并完成驾驶者的指令。例如对 Siri 说"导航去深圳世界之窗"，Siri 会识别出该指令并自动进入导航系统。

（2）触摸屏控制

CarPlay 系统采用了大图标的显示方案，通过触摸也能控制。

（3）物理按键控制

汽车一般带有物理按键，通过物理按键可以控制 CarPlay 系统。例如奔驰 GLC 车型的中控按钮为上下左右控制，可通过左拨、右拨等方式控制音乐播放，通过另外的物理按键可返回主界面或返回上一级操作。

类似于 CarPlay 系统的还有百度公司推出的 CarLife 系统、福特公司推出的 SYNC 系统、谷歌公司推出的 Android Automotive 系统，这些系统目前也大多支持无线 Wi-Fi 连接控制，功能和 CarPlay 类似。

五、IrDA 技术

1. IrDA 技术的定义

红外线是波长在 750nm 至 1mm 之间的电磁波，它的频率高于微波而低于可见光，是一种人的眼睛看不到的光线。红外通信一般采用红外波段内的近红外线，波长为 0.75~25μm，红外通信协议将红外数据通信所用的光波波长的范围限定在 850~900nm。

无线电波和微波已被广泛地应用在长距离的无线通信之中，但由于红外线的波长较长，对障碍物的衍射能力差，所以更适合应用在需要短距离无线通信的场合，进行点对点的直线数据传输。

2. IrDA 技术的优势

（1）保密性强

它具有小角度（30°锥角以内）、短距离、点对点直线数据传输等特性，保密性强。

（2）传输速率较高

4Mbit/s 速率的 FIR 技术已被广泛使用，16Mbit/s 速率的 VFIR 技术已经发布。

（3）占用资源少

它具有不透光材料的阻隔性和可分隔性，在通信时不需要占用频道资源。

（4）无有害辐射，绿色产品特性

科学实验证明，红外线是一种对人体有益的光谱，所以红外线产品是一种绿色产品。

（5）具有一定的安全性

它具有短距离通信、窄的信号角度、同步时设备的位置固定、通信链路上不能有任何障碍物、只能是点到点的通信这些特点，提供了一定的安全性。

（6）低功耗和低成本

它的功耗一般低于 40mW，成本低廉，连接方便，简单易用。

3. IrDA 技术的通信技术的发展

为了建立一个统一的红外数据通信的标准，1993 年，由 HP、COMPAQ、INTEL 等 20 多家公司发起成立了红外数据协会（Infrared Data Association，IRDA），1993 年 6 月 28 日，来自 50 多家企业的 120 多位代表出席了红外数据协会的首次会议，并就建立统一的红外通信标准问题达成了一致。一年以后，第一个 IRDA 的红外数据通信标准发布，即 IRDA1.0。IRDA1.0 简称为 SIR（Serial InfraRed），它是基于 HP - SIR 开发出来的一种异步的、半双工的红外通信方式。SIR 以系统的异步通信收发器（UART）为依托，通过对串行数据脉冲的波形压缩和对所接收的光信号电脉冲的波形扩展这一编码解码过程（3/16 EnDec）实现红外数据传输。由于受到 UART 通信速率的限制，SIR 的最高通信速率只有 115.2kbit/s。1996 年，IRDA 发布了 IRDA1.1 标准，即 Fast InfraRed，简称为 FIR。与 SIR 相比，由于 FIR 不再依托 UART，其最高通信速率有了质的飞跃，可达到 4Mbit/s 的水平。FIR 采用了全新的 4PPM 调制解调（Pulse Position Modulation），即通过分析脉冲的相位来辨别所传输的数据信息，其通信原理与 SIR 是截然不同的，但由于 FIR 在 115.2kbit/s 以下的速率依旧采用 SIR 的那种编码解码过程，所以它仍可以与支持 SIR 的低速设备进行通信，只有在通信对方也支持 FIR 时，才将通信速率提升到更高水平。

继 FIR 之后，IRDA 又发布了通信速率高达 16Mbit/s 的 VFIR 技术（Very Fast InfraRed），并将它作为补充纳入 IRDA1.1 标准之中。更高的通信速率使红外通信在那些需要进行大数据量传输的设备上也可以占有一席之地，而不再仅仅是连接线的替代。IRDA 标准包括三个基本的规范和协议：物理层规范（Physical Layer Link Specification）、连接建立协议（Link Access Protocol，IrLAP）和连接管理协议（Link Management Protocol，IrLMP）。物理层规范制定了红外通信硬件设计上的目标和要求，IrLAP 和 IrLMP 为两个软件层，负责对连接进行设置、管理和维护。

4. IrDA 技术在汽车中的应用

本书介绍的 IrDA 技术应用是宝马汽车公司的 7 系轿车夜视系统，该系统主要使用 IrDA 技术，驾驶员可在黑夜环境中看得更远、更清楚。宝马 7 系的夜视系统现在已经发展到第三代，其核心器件是安装在前格栅上的红外热成像摄像头。雨水、灰尘、雪或冰都可能影响摄像机的正常运行。当车外温度很低时，摄像机会自动加热。清洁前照灯时，摄像机也会一起被自动清洁。宝马 7 系轿车红外热成像摄像头如图 4-9 所示。

夜视摄像机由一个供热防护窗、一个镜头和热像传感器构成。图像刷新率为30次/s。为了使成像质量稳定，必须每120~180s校准一次摄像机，每次校准的时间大约持续0.3s。夜视摄像机通过一根LVDS数据导线连接到电子夜视装置。电子夜视装置把来自夜视摄像机的对称的视频信号转换成FBAS信号。通过分析相对距离和运动方位后，可通过中间显示屏的黄色图标提醒驾驶员。环境条件良好时，可在100m识别人体，在150m识别大型动物，在70m识别中小型动物。可识别性取决于识别物体与环境的温差和物体的热辐射，与环境温差小的对象或者热辐射小的对象可以进行识别，但此时识别功能受限。出于安全考虑，该系统仅在速度高于5km/h且环境亮度低并在近光灯打开时系统才会启动。系统识别效果图如图4-10所示。

图4-9 宝马7系轿车红外热成像摄像头　　图4-10 宝马7系轿车行人识别效果图

六、RFID技术

1. RFID技术的定义

无线射频识别技术（Radio Frequency Identification，RFID）是自动识别技术的一种，通过无线射频方式进行非接触双向数据通信，利用无线射频方式对记录媒体（电子标签或射频卡）进行读写，从而达到识别目标和数据交换的目的。它被认为是21世纪最具发展潜力的信息技术之一。

无线射频识别技术通过无线电波不接触快速信息交换和存储技术，通过无线通信结合数据访问技术，然后连接数据库系统，加以实现非接触式的双向通信，从而达到了识别的目的，用于数据交换，串联起一个极其复杂的系统。该识别系统通过电磁波实现电子标签的读写与通信。根据通信距离可分为近场和远场，为此读/写设备和电子标签之间的数据交换方式也对应地被分为负载调制和反向散射调制。

2. RFID技术的特点

（1）读取方便快捷

数据的读取不需要光源，甚至可以透过外包装来进行。有效识别距离更大，采用自带电池的主动标签时，有效识别距离可达到30m以上。

（2）识别速度快

标签一进入磁场，阅读器就可以即时读取其中的信息。而且能够同时处理多个标签，实现批量识别。

（3）数据容量大

数据容量最大的二维条形码，最多也只能存储 2725 个数字，若包含字母，存储量则会更少。RFID 标签则可以根据用户的需要将存储量扩充到数万个数字。

（4）穿透性和无屏障阅读

在被覆盖的情况下，RFID 能够穿透纸张、木材和塑料等非金属或非透明的材质，并能够进行穿透性通信。

（5）使用寿命长，应用范围广

无线通信方式使 RFID 可以应用于粉尘、油污等高污染环境和放射性环境，而且封闭式包装使得 RFID 标签寿命大大超过印刷的条形码。

（6）标签数据可动态更改

利用编程器可以向标签写入数据，从而赋予 RFID 标签交互式便携数据文件的功能，而且写入时间相比打印条形码更少。

（7）安全性好

标签不仅可以嵌入或附着在不同形状、类型的产品上，而且可以为标签数据的读写设置密码保护，从而具有更高的安全性。

（8）动态实时通信

标签以 50～100 次/s 的频率与阅读器进行通信，所以只要 RFID 标签所附着的物体出现在阅读器的有效识别范围内，就可以对其位置进行动态的追踪和监控。

3. RFID 技术的原理及系统组成

RFID 技术是基于标签进行工作的，标签进入阅读器后，接收阅读器发出的射频信号，凭借感应电流所获得的能量发送出存储在芯片中的产品信息（Passive Tag，无源标签或被动标签），或者由标签主动发送某一频率的信号（Active Tag，有源标签或主动标签），阅读器读取信息并解码后，送至中央信息系统进行有关数据处理。

一套完整的 RFID 系统，是由阅读器与电子标签（也就是所谓的应答器）及应用软件系统三个部分所组成。其工作原理是阅读器（Reader）发射一特定频率的无线电波能量，用以驱动电路将内部的数据送出，此时 Reader 便依序接收解读数据，送给应用程序做相应的处理。以 RFID 卡片阅读器及电子标签之间的通信及能量感应方式来看，大致上可以分成感应耦合及后向散射耦合两种。一般低频的 RFID 大都采用第一种方式，而较高频大多采用第二种方式。阅读器根据使用的结构和技术不同可以是读或读/写装置，是 RFID 系统信息控制和处理中心。阅读器通常由耦合模块、收发模块、控制模块和接口单元组成。阅读器和标签之间一般采用半双工通信方式进行信息交换，同时阅读器通过耦合给无源标签提供能量和时序。在实际应用中，可进一步通过以太网或 WLAN 等实现对物体识别信息的采集、处理及远程传送等管理功能。

4. RFID 技术在汽车中的应用

本书介绍的 RFID 技术的应用是电子不停车收费系统（Electronic Toll Collection, ETC），该系统是智能交通系统的服务功能之一，它特别适合在高速公路或交通繁忙的桥隧环境下使用。目前高速公路收费处，有专门的 ETC 收费通道。只要在车辆前风窗玻璃上安装感应卡并预存费用，通过收费站时便不用人工缴费，也无须停车，高速通行费将从卡中自动扣除，即能够实现自动收费。这种收费系统每车收费耗时不到 2s，其收费通道的通行能力是人工收费通道的 5~10 倍。使用全自动电子收费系统，可以使公路收费走向无纸化、无现金化管理，从根本上杜绝收费票款的流失现象，解决公路收费中的财务管理混乱问题。另外，实施全自动电子收费系统还可以节约基建费用和管理费用。该系统需要在车辆上安装载有车辆信息的车载装置。车辆进入不停车电子收费通道入口时，公路数据采集处理系统的站级装置便读取车载装置内的车辆信息，从数据库中调出匹配车辆数据后进行放行处理，储存记录的同时上传至公路数据采集处理系统的数据管理中心。该数据管理中心对通行车辆进行分析，形成扣费交易实时上传银行，银行完成交易处理后实时返回该数据管理中心。ETC 专用收费车道如图 4 -11 所示。

图 4 -11 ETC 专用收费车道

ETC 系统通过安装于车辆上的车载装置和安装在收费站车道上的天线之间进行无线通信和信息交换，主要由车辆自动识别系统、中心管理系统和其他辅助设施等组成。其中，车辆自动识别系统由车载单元（应答器或电子标签）、路侧单元（Road Side Unit, RSU）、环路感应器等组成。车载单元中存有车辆的识别信息，一般安装于车辆前风窗玻璃上，RSU 安装于收费站旁边，环路感应器安装于车道地面下。中心管理系统有大型的数据库，存储大量注册车辆和用户的信息。当车辆通过收费站口时，环路感应器感知车辆，RSU 发出询问信号，车载单元做出响应，并进行双向通信和数据交换；中心管理系统获取车辆识别信息，如汽车 ID、车型等信息和数据库中相应信息进行比较判断，根据不同情况来控制管理系统产生不同的动作，如计算机收费管理系统从该车的预付款项账户中扣除此次应交的过路费，或送出指令给其他辅助设施工作。

工业和信息化部装备工业发展中心于 2020 年发布的"关于调整《道路机动车辆产品准入审查要求》相关内容的通知"中明确要求自 2020 年 7 月 1 日起新申请产品准入的车型应在选装配置中增加 ETC 车载装置，ETC 技术将逐渐普及至所有车辆。原厂 ETC 和后装 ETC 在原理上并无本质上的区别，不过法规对原厂 ETC 车载装置有更高的要求，而且原厂设计、安装有更多的可能性，主要区别有以下几点：

1）原厂 ETC 车载装置基本上都为单片式 OBU，而后装的 ETC 车载装置基本上均为双片式 OBU。单片式 OBU 相较于双片式 OBU 具有成本低、使用寿命长、处理速度快等特点，是市场主流的发展方向。

2）原厂 ETC 车载装置设计更灵活，可以设计成不同形状实现隐藏式设计，如可以安装在后视镜、仪表台等位置，安装位置更合理。而后装的 ETC 车载装置形状单一，基本上只能安装在前风窗玻璃上。

3）原厂 ETC 车载装置将使用车载电源供电，且供电线路设计更合理安全。

七、NFC 技术

1. NFC 技术的定义

近距离无线通信（Near Field Communication，NFC）技术是一种短距离的高频无线通信技术，允许电子设备之间进行非接触式点对点信息传输，交换数据、图片和视频等。该技术结合了非接触式射频识别及无线连接技术，作用于 13.56MHz 频率，传输距离一般在 10cm 左右，传输速率有 106kbit/s、212kbit/s 和 424kbit/s 三种。

2. NFC 技术的特点

（1）近距离感应

NFC 设备之间可进行极短距离接触，主动通信模式为 20cm，被动通信模式为 10cm，信息能够在 NFC 设备之间点对点快速传递。

（2）安全性

NFC 是一种短距离通信技术，设备必须靠得很近，从而提供了固有的安全性；也可以通过加/解密系统来确保移动设备之间的通信安全。

（3）连接快速

NFC 能够快速自动地建立无线网络，为蜂窝设备、蓝牙设备、Wi-Fi 设备提供一个"虚拟连接"，使电子设备可以在短距离范围内进行通信。NFC 短距离交互大大简化了整个认证识别过程，使电子设备间互相访问更直接、更安全和更清楚。

3. NFC技术的原理

支持NFC的设备可以在主动或被动模式下交换数据。在主动模式下，每台设备要向另一台设备发送数据时，都必须产生自己的射频场。发起设备和目标设备都要产生自己的射频场，以便进行通信。这是对等网络通信的标准模式，可以获得非常快速的连接设置。

在被动模式下，启动NFC通信的发起设备，在整个通信过程中提供射频场。它可以选择106kbit/s、212kbit/s或424kbit/s中的一种传输速率，将数据发送到另一台设备。另一台设备不必产生射频场，它使用负载调制技术，即可以相同的速率将数据传回发起设备。移动设备主要以被动模式操作，可以大幅降低功耗，并延长电池寿命。在一个应用会话过程中，NFC设备可以在发起设备和目标设备之间切换自己的角色。利用这项功能，电池电量较低的设备可以要求以被动模式充当目标设备，而不是发起设备。

NFC工作模式有三种——卡模式、点对点模式和读卡器模式。卡模式就是相当于一张采用RFID技术的IC卡，完全可以应用现在使用IC卡的场合。点对点模式和红外线差不多，可用于数据交换，只是传输距离比较短，传输创建速度快，功耗低；将两个具备NFC功能的设备连接，能实现数据点对点传输，如下载音乐、交换图片等。因此，通过NFC技术，多个设备之间都可以交换资料或者服务。使用读卡器模式，NFC设备可以作为非接触读卡器使用，比如从海报或者展览信息电子标签上读取相关信息。

4. NFC技术在汽车中的应用

本书介绍的NFC技术的应用是比亚迪汽车公司的"秦PRO超越版"轿车的NFC车钥匙技术，将NFC手机贴在车辆外后视镜上刷一下就能解锁车辆。目前华为、小米、OPPO、vivo、realme、一加等品牌的主流机型均已支持该功能，苹果、三星等机型也在陆续合作中。比亚迪表示该技术未来或将覆盖比亚迪旗下所有新车型，预计到2021年，NFC车型的出货量占比将达到95%以上。其系统示意图如图4-12所示。

图4-12　比亚迪"秦PRO超越版"轿车NFC车钥匙示意图

该系统需要通过比亚迪的云服务APP进行绑定操作，可实现NFC车钥匙功能，可实现闭锁功能。当整车电源处于"OFF"档/远程启动状态/蓝牙启动状态/遥控启动状态，车门关闭且未锁止时，将手机背面顶部靠近左前外后视镜上指令区域，所有车门同时闭锁。除此之外也可实现开锁功能，在防盗状态下/远程启动状态/蓝牙启动状态/遥控启动状态，将手机背面顶部靠近左前外后视镜上指令区域，所有车门同时解锁。解锁车门后，

10min 内允许启动车辆，若超时未启动车辆，需再次刷卡。

八、OTA 技术

1. OTA 技术的定义及分类

空中下载技术（Over The Air Technology，OTA）是通过移动通信的接口，实现对软件进行远程管理。OTA 最早出现在特斯拉 2012 年推出的 Modes S 车型上，其更新范围涉及自动驾驶、人机交互、动力、电池系统等领域，通过 OTA 的方式特斯拉完成钥匙卡漏洞、续驶里程提升、提高最高速度、提升乘坐舒适度等功能或者漏洞的修复。目前，智能汽车的 OTA 主要分成 FOTA 和 SOTA 两种。FOTA（Firmware Over The Air，固件在线升级）是给一个嵌入式设备、ECU 闪存下载完整的固件镜像，或者修补现有固件、更新闪存等。它涉及的是车辆核心的动力控制系统、安全控制系统、底盘控制系统、车身控制系统等底层范畴。而 SOTA（Software Over The Air，软件在线升级）是属于应用层的范畴，比如车载系统的应用程序和地图更新、应用服务、移动通信、信息处理、GPS 导航等。

2. 车辆 OTA 技术的升级原理

图 4-13 展示了车辆内从主机厂服务器更新程序到指定 ECU 的过程中的原理。首先通过移动网络（3G/4G/5G）建立车辆与服务器之间的安全连接，确保全新的、待更新的固件安全地传输到车辆的远程控制单元，然后再传输给 OTA 管理单元。OTA 管理单元管理车辆所有 ECU 的更新过程。它控制着将固件更新分发到 ECU，并告知 ECU 何时执行更新。在多个 ECU 需要同时更新的情况下尤为重要，例如推送一项新功能，而该新功能涉及多个 ECU。更新过程完成后，OTA 管理单元将向服务器发送确认。

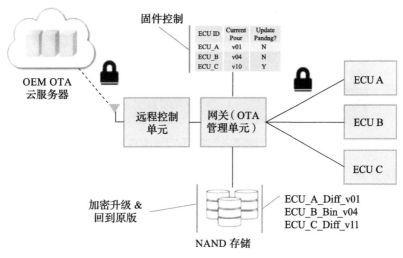

图 4-13　车辆 OTA 技术的升级原理图

针对 OTA 管理单元，它可能需要外挂 NANDflash 用来存储固件包，同样也可以用来存储其他车辆 ECU 的备份，以期在 ECU 升级失败之后进行调用。这些备份应该通过加密和认证的方式进行防护，避免外部攻击。

这些备份也可以确保汽车在进行 OTA 过程中出现任何意外的情况时，可以恢复到升级之前的状态，从而确保更新失败后的行车安全。

OTA 管理单元内部有一个表格，包含各个车辆 ECU 的相关信息，譬如 SN 编号以及当前的固件版本。这样便于 OTA 管理单元核实接收到的固件升级包并确保是通过授权的。

如果正在更新的 ECU 不具备加密能力，那么 OTA 管理单元同样需要负责更新过程的解码及验签。在现阶段，OTA 实现加密、解码、校验等是其基本的安全功能。

不难看出 OTA 管理单元的重要性，也正是基于此，并结合网关的安全性、隔离性以及天然的多连接属性，部分主机厂启动自研网关。

3. OTA 技术在汽车中的应用

本书介绍的应用于汽车的 OTA 技术是吉利汽车公司博瑞车型的 OTA 技术。汽车 OTA 升级主要分为三个过程：软件下载、系统安装和开始升级。

（1）软件下载

博瑞的后台系统推送升级任务后，车机上方会有弹框主动提示升级，此提示显示 5s 后消失。若用户点击弹框处"查看"按钮，则直接进入下载页面。若错过弹框，可以通过从主界面进入"设置 - 车辆 - 系统 - GKUI 19"中进行下载，其升级软件下载界面如图 4 - 14 所示。

图 4 - 14　吉利博瑞车型 OTA 升级软件下载界面

（2）系统安装

下载完毕后，点击"安装"按钮，等待 10min 左右，即可安装成功，需注意车机系统软件安装过程不要熄火、断电。如下载过程中异常断电，重启后可继续下载，但安装过程请勿断电，否则会导致安装失败。OTA 升级安装界面如图 4 - 15 所示。

图4-15 吉利博瑞车型OTA升级安装界面

（3）开始升级

在完成车机系统更新后，再次进入"系统更新"页面查看是否有4G（T-BOX）软件的升级提示，如果有新版本升级，4G软件下载与系统软件下载步骤相同。但请注意在4G（T-BOX）软件安装时需将发动机熄火后再安装，安装步骤等待30s后再起动发动机。

复习题

一、名词解释

1. 无线通信
2. 蓝牙技术
3. Wi-Fi技术
4. RFID技术
5. NFC技术

二、简答题

1. 目前有哪些常见的无线通信技术？
2. 4G网络技术有什么特点？
3. 蓝牙技术的优势有哪些？
4. Wi-Fi技术有什么特点？
5. RFID技术有什么特点？

05 第五章
智能网联汽车辅助驾驶系统
原理与应用

近年来 ADAS 市场增长迅速，原来这类系统局限于高端市场，而现在正在进入中端市场，与此同时，许多低技术应用在入门级乘用车领域更加常见，经过改进的新型传感器技术也在为系统部署创造新的机会与策略。ADAS 系统主要包含以下三个执行流程：

环境感知：不同的系统需要使用不同类型的车用传感器，包含摄像头、毫米波雷达、超声波雷达、红外传感器、CCD/CMOS 影像传感器及其他传感器等，它们收集整车的工作状态及其参数变化情形，并将不断变化的机械运动变成电子参数（电压、电阻及电流）。传感器数据作为下一步运算分析和预警及控制的依据。

运算分析：电子控制单元或域控制器会在针对传感器所收集到的信息进行运算分析处理，然后再向控制的执行装置下达动作指令。

控制执行：加速及制动踏板、灯光、声响等系统都属于执行器的范畴，它们依据控制器输出的信号，执行各种动作，让汽车安全行驶于道路上。

目前 ADAS 系统的主要目的是辅助驾驶员进行车辆控制，ADAS 可以对车外环境变化等相关信息进行分析，且预先警告可能发生的危险状况，让驾驶员提早采取对应措施，避免交通意外发生，在必要时可以积极介入。

一、先进驾驶辅助系统的定义及类型

1. 先进驾驶辅助系统的定义

先进驾驶辅助系统（Advanced Driver Assistance System，ADAS），是利用安装在车辆上的传感、通信、决策及执行等装置，实时监测驾驶员、车辆及其行驶环境，并通过信息和/或运动控制等方式辅助驾驶员执行驾驶任务或主动避免/减轻碰撞危害的各类系统的总称。其功能示意图如图 5 - 1 所示。

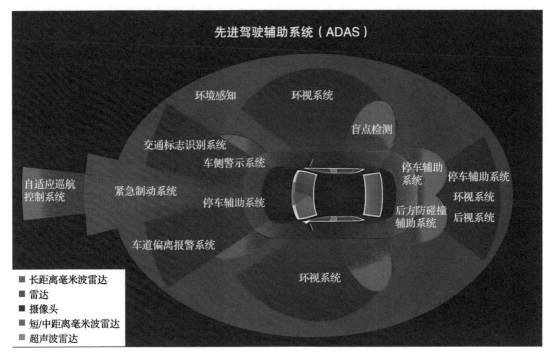

图5-1　先进驾驶辅助系统示意图

2. 先进驾驶辅助系统的定义

当前先进驾驶辅助系统按照功能可分为安全 ADAS 系统和便利 ADAS 系统。

安全 ADAS 系统的主要功能是通过车辆安装的各种传感器对环境进行感知，将感知数据发送给控制器进行决策，如果检测到当前行驶情况发生危险或即将发生危险时，对驾驶员进行警告或紧急介入来控制车辆的转向、制动等。

安全 ADAS 系统目前已经应用到实车的系统种类较多，本书介绍的安全 ADAS 主要包括几种系统：前向碰撞预警（Forward Collision Warning，FCW）、车辆盲区监测系统（Blind - Spot Collision - Avoidance Assist，BCA）、车道偏离预警（Lane Departure Warning System，LDW）、车道保持辅助（Lane Keeping Assist，LKA）、驾驶员注意力提示（Driver Attention Warning，DAW）、盲区显示系统（Blind - Spot View Monitor，BVM）、后方交通穿行提示（Rear Cross Traffic Alert，RCTA）。

便利 ADAS 系统的主要功能是通过车辆安装的各种传感器进行感测，将感知数据发送给控制器，在有限的情况下给予驾驶员较高的便利性。便利性 ADAS 系统和安全性 ADAS 系统最大的区别是便利性 ADAS 系统主要是根据驾驶员的意图或潜在意图方便驾驶员驾驶，不会强制介入车辆控制。本书介绍的便利 ADAS 主要包括几种系统：车辆自适应前照明系统（Adaptive Front Lighting System，AFS）、自动泊车辅助系统（Automatic Parking

Assist，APA）、自适应巡航控制（Adaptive Cruise Control，ACC）、车道跟随辅助系统
（Lane Following Assist，LFA）、基于导航的自适应巡航系统（Navigation – based Smart
Cruise Control，NSCC）。

二、前向碰撞预警

1. 前向碰撞预警的定义及发展历程

前向碰撞预警（Forward Collision Warning，FCW）是通过摄像头、雷达等传感器实时
感知车辆前方的物体，检测车辆与目标之间的距离并警示驾驶员的一种系统。该系统的示
意图如图 5 – 2 所示。

图 5 – 2　前向碰撞预警的示意图

20 世纪 70 年代，日本就开始进行了防止汽车碰撞系统的研究。1999 年，本田、丰
田、日产三大车厂各自开始开发自己的前车碰撞预警系统，2003 年在雅阁车型上本田首次
安装了自己的碰撞缓解制动系统（CMBS），该系统是 FCW 的前身。CMBS 的工作原理是：
当毫米波雷达探测到前方可能有碰撞危险时，便以警告的方式提醒驾驶员；如果继续接
近，当系统判断将要追尾时，则会采取自动制动措施。而日本另一大汽车厂商丰田的预碰
撞安全系统最早是在 2003 年安装在雷克萨斯 LX 和 RX 车系上，同样也是采用了毫米波雷
达作为传感器。欧美对此的研究也不落后，作为全球安全领域的领军者——沃尔沃在 2006
年的 S80 上首次安装了碰撞预警系统，通过毫米波雷达来检测车距，发现危险时会提示驾
驶员立即制动，同时会推动制动片接近制动盘，以便为驾驶员操作制动提供最快的速度，
2007 年系统升级后，沃尔沃便增加了自动制动的功能。现在，FCW 功能已经成为 ADAS
系统常见的标准配置。

2. 前向碰撞预警的组成

前向碰撞预警主要由环境感知单元、控制单元和执行单元构成。其系统组成如图 5 – 3
所示。

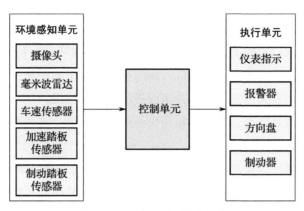

图5-3 前向碰撞预警的组成

(1) 环境感知单元

环境感知单元主要由摄像头、毫米波雷达、车速传感器、加速踏板传感器、制动踏板传感器组成。该单元的主要作用是对行车环境进行检测，得到车辆的相关环境信息。其中摄像头和毫米波雷达的主要作用是识别及测距；车速传感器用来感测当前车辆行驶的速度；加速踏板传感器用于检测当前方可能发生碰撞危险时驾驶员是否松开加速踏板；制动踏板传感器用于检测驾驶员在接收到前方可能发生碰撞危险时是否踩下制动踏板。

(2) 控制单元

控制单元可以接收来自环境感知单元的相关数据，对数据进行综合分析后，按照算法处理程序对车辆的当前行驶状态进行计算，判断车辆应使用何种处理工况进行处理，并且将处理信息发送给执行单元。

(3) 执行单元

执行单元主要由仪表报警器及制动器构成。仪表报警单元接收到控制单元的信号后，将在仪表上通过图标的方式警示驾驶员，并发出警报声，某些车型还会通过振动方向盘的方式警示驾驶员。如果警告发出后驾驶员没有松开加速踏板，制动单元会强制介入，控制制动器使车辆减速，紧急情况下会控制车辆进行紧急制动。

3. 前向碰撞预警的原理及分类

汽车前向碰撞预警的工作原理可概述为：利用摄像头识别出前方物体，并通过毫米波雷达感测与前车或前方障碍物的距离，通过电子控制单元对物体进行识别并对距离进行测算，同时判断当前的工况；如果观测距离小于报警距离，那么车辆就会进行报警提示；如果观测距离小于安全距离，车辆就会启动自动制动。

欧洲新车安全评鉴协会（E-NCAP）对汽车前向碰撞预警的使用环境提出了3类应用类型，分别为用于城市路况的碰撞预警、用于高速路况的碰撞预警、用于行人保护的碰撞预警。

（1）用于城市路况的汽车前向碰撞预警

对于城市路况来说，一般的交通事故都发生在交通拥堵时，特别是在路口等待通行时。这时驾驶员可能过于注意交通指示灯，而忽视了与前车的距离；也可能过于期待前方车辆前行甚至加速，而事实上前方车辆并未前进或者速度过慢。

城市驾驶的特点就是低速，但是容易发生不严重的碰撞，这些小事故大约占全部碰撞事故的26%左右。

低速前向碰撞预警可以监测前方路况与车辆移动情况，一般有效距离为6～8m。

这类前向碰撞预警的核心装备是毫米波雷达。一般安装在前风窗位置。如果探测到潜在的风险，它将采取预制动措施，以便驾驶员可以更快地操作。如果在反应时间内未接到驾驶员的指令，该系统将会自动制动或采取其他方式避免事故。而在任何时间点内，如果驾驶员采取了紧急制动或猛打转向等措施，该系统将中断。

E－NCAP定义城市路况的前向碰撞预警能在车速不超过20km/h情况下起作用。80%的城市交通事故发生在这个车速区间，而且这套系统在天气情况恶劣时效果更好。

（2）用于高速公路路况的汽车前向碰撞预警

在高速公路上发生的事故，与市内事故相比，其特点是不一样的。高速公路上的驾驶员可能由于长时间驾驶而分心，而当他意识到危险时可能又由于车速过快而为时已晚。

为了能适应这种行驶情况，用于高速公路路况的前向碰撞预警就应运而生了。这套系统以中/远距离毫米波雷达为核心设备，采用预警信号来提醒驾驶员潜在的危险。如果在反应时间内，驾驶员没有任何反应，将启动二次警告（方向盘振动或安全带突然收紧），此时制动器将调至预制动状态。如果驾驶员依然没有反应，那么该系统将将自动实施紧急制动。

这种类型的前向碰撞预警主要在车速介于50～80km/h起作用。这类系统主要针对城市间行驶的情况，在低速情况下可能只是会提醒驾驶员。

（3）用于行人保护的汽车前向碰撞预警

作为行人保护系统，这类前向碰撞预警除检测道路上车辆之外，还能探测行人等障碍物。这套系统的核心装备是摄像头等传感器，它可以辨别出行人的特征，如果探测到潜在的危险，该系统将会警告驾驶员。

相比之下，预测行人行为是比较困难的，从算法角度来说是非常复杂的。这套系统需要更有效的响应，但是如果仅是车边有行人平行通过就不能应用至制动系统。随着传感器技术的发展，这项技术还将进一步优化。

4. 前向碰撞预警的应用

本书介绍的前向碰撞预警是起亚凯酷车型的前向碰撞预警。凯酷的前向碰撞预警主要分为四种工况，分别为车对车、车对人、车对自行车和交叉路口。中国新车评价规程

（C-NCAP）在2021年的新规则中对于前向碰撞预警也加入了自行车防撞。

凯酷使用的方案是摄像头和毫米波雷达集成判断的解决方案，车载摄像头使用单目摄像头，探测距离约为55m，该摄像头的主要作用是识别前方不同的物体并做出判断，该摄像头的探测角约为50°，毫米波雷达可探测前方约50m范围的障碍物。其四种工况的示意图如图5-4~图5-7所示。

图5-4　车对车工况

图5-5　车对人工况

图5-6　车对自行车工况

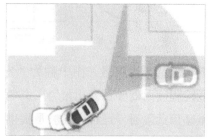

图5-7　交叉路口工况

摄像头识别出前方物体为车辆/行人/自行车时，通过毫米波雷达和摄像头综合估算的距离计算制动减速度，如果距离较远，在汽车仪表盘上将出现警示图标同时报警器发出报警的声音，凯酷的方向盘同时会振动来提醒驾驶员。若驾驶员此时仍然未松开加速踏板或未踩下制动踏板，此时车辆将计算制动减速度来进行减速。如果车辆前方突然出现目标物，则直接进行紧急制动。针对检测出行人的制动工况的制动效果要优于检测出车辆的制动工况的制动效果，车对人工况制动后的预留安全距离应当大于车对车工况制动后的预留安全距离。制动效果优先级为：车对人>车对自行车>车对车；预留安全距离应该为：车对人>车对自行车>车对车。凯酷针对交叉路口工况进行了系统设计，如果检测到对向车辆在转弯或直行，而此时驾驶员并未松开加速踏板或进行制动时，车辆将自动进行制动。

随着多传感器融合技术的发展、控制单元计算能力的提升以及执行机构的优化，前向碰撞预警正在朝着多先进传感器融合、高精度判断、精确控制的方向发展，进一步提高车辆的主动安全性能，从而减少车辆碰撞的可能性。

5. 前向碰撞预警的测试标准

当前我国已经发布了针对前向碰撞预警的国家标准 GB/T 33577—2017《智能运输系

统　车辆前向碰撞预警系统性能要求与测试规程》，该标准中明确规定了车辆前向碰撞预警系统的性能要求和测试规程。

在该标准中，规定了系统要求和操作要求，至少具有以下功能：

车辆前向碰撞预警系统的主要功能是自车与前车存在潜在冲突危险时，向驾驶员发出报警。系统功能通过判断以下信息来实现：自车与前车的相对距离；自车与前车的相对速度；前车是否位于自车的前方运动轨迹上。

标准中规定的工作原理图如图5－8所示。

图5-8　车辆前向碰撞预警系统的工作原理

基于上述信息，控制器（图中称为"车辆前向碰撞预警系统目标挑选及预警决策"）根据行车危险程度向驾驶员发出报警。车辆前向碰撞预警系统的主要目的是自车与前车存在潜在追尾碰撞危险时，通过向驾驶员提供及时的报警以辅助驾驶员避免碰撞或降低碰撞严重程度。报警时机应选择适当，既要及早，又不会造成干扰或误警。配有车辆前向碰撞预警系统的车辆应能实现以下功能：检测到前车的存在；确定探测到的前车相对于自车的相对位置及位置的动态特性；确定自车的车速；估计自车的运动轨迹；根据车辆前向碰撞预警系统的功能及要求向驾驶员发出报警。

在系统的状态描述中，定义了系统在每个工作状态下所执行的功能。

（1）系统关闭

当车辆前向碰撞预警系统处于关闭状态，将不会进行报警。在这个状态下，可以向驾驶员提供一个除了打开点火开关以外的启动系统的其他途径（如设置一个系统开启/关闭的开关）。

当点火开关被置于关的档位时，车辆前向碰撞预警系统切换到系统关闭状态。当系统故障检测单元检测到系统不能正常工作时，系统进入故障模式，系统被切换到关闭状态。

（2）系统待机

当车辆前向碰撞预警系统处于待机状态，将不会进行报警。在这个状态下系统检测自车的车速及档位状态。如果自车车速在系统工作的车速范围内，且档位选在前进档（除了倒档及驻车档以外的其他档位），系统将从待机状态切换到启动状态。当点火周期完成，发动机开始工作之后，或当发动机正在工作，驾驶员手动启动了系统开关，系统将从关闭状态切换到待机状态。当自车车速不在车辆前向碰撞预警系统的工作速度范围内（考虑了车速变化的迟滞量），或驾驶员将档位切换到倒档、驻车档时，系统将从启动状态退出，进入待机状态。

（3）系统启动

当车辆前向碰撞预警系统处于启动状态，如果报警条件满足，则系统将发出报警命令。只要车辆档位处于任意前进档，且车速在系统的工作范围以内，车辆前向碰撞预警系统将进入此状态。

该标准中对车辆的报警功能也做出了相应说明，报警目标对象规定车辆前向碰撞预警系统针对运动的障碍车辆（包括"曾被检测到在运动，但当时停止"）应能够提供报警，而针对静止的障碍车辆则是可选择的。前方障碍车辆的相关信息可由障碍探测装置（如光学雷达、无线电波雷达及摄像头等）检测。根据自车的速度，与障碍车辆之间的距离及相对速度可以预估出距离碰撞时间。如果系统同时检测到多辆障碍车辆，则系统应自动选择自车行驶轨迹上将最快追上的障碍车辆。车辆前向碰撞预警系统可以提供两种不同报警内容：预备碰撞报警及碰撞报警。预备碰撞报警的目的是告知其前方存在障碍车辆。在这种情况下驾驶员应准备采取必要措施避免碰撞。碰撞报警是告知驾驶员应采取必要措施避免碰撞。报警方式可选择单独或综合使用视觉、听觉和/或触觉方式。碰撞报警中，在使用视觉的同时，必须使用听觉和/或触觉报警方式告知驾驶员。报警应由以下因素决定：自车和障碍车辆之间的相对速度、车间距离及自车车速、驾驶员对报警的反应时间及自车与障碍车辆可能存在的制动减速度。当自车正在接近障碍车辆时，报警的距离应由特定参数的阈值决定，如距离碰撞时间（TTC）。

此外，标准中还规定了报警系统输出形式、报警形式、要求减速度的阈值、响应时间、不报警条件、系统分类、障碍车辆检测区域及性能要求等内容。

在性能测试方法中，标准规定了测试目标要求、环境条件、检测区域的测试方法、报警距离范围及精度的测试方法、目标辨识能力的测试方法。

关于该标准的更多详细内容，有兴趣的读者可以阅读该标准全文进行学习。

三、自适应巡航控制

1. 自适应巡航控制的定义

汽车自适应巡航控制（Adaptive Cruise Control，ACC）实时监测车辆前方行驶环境，在设定的速度、范围内自动调整行驶速度，以适应前方车辆和/或道路条件等引起的驾驶环境变化。它是在已存在的定速巡航控制系统基础上发展起来一种新型的智能巡航系统。该系统集成了汽车定速巡航控制系统和车辆前方碰撞预警系统，通过摄像头和毫米波雷达等传感器感知汽车前方的道路环境，如果检测到行驶车道的前方存在同向行驶车辆，计算单元将计算本车与前车的距离以及相对速度等其他信息，对车辆进行加速、减速或制动控制，保证本车与前车处于安全距离以内，防止发生追尾事故。该系统的示意图如图5－9所示。

图5－9　自适应巡航控制示意图

2. 自适应巡航控制的组成

汽车自适应巡航控制主要由4部分构成，分别是环境感知单元、电子控制单元、执行单元、人机交互单元。其系统构成如图5－10所示。

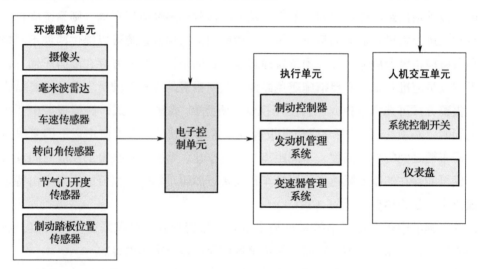

图5－10　自适应巡航控制的构成

（1）环境感知单元

环境感知单元主要由摄像头、毫米波雷达、车速传感器、转向角传感器、节气门开度传感器、制动踏板位置传感器组成。该单元的主要作用是对前方车辆信息进行感测，得到车辆的相关环境信息。其中摄像头和毫米波雷达的主要作用是进行目标车辆识别和测距；车速传感器用来感测当前车辆行驶的速度；转向角传感器用于检测当前车辆转向的角度；节气门开度传感器用于获得当前节气门的开度、制动踏板传感器用于获取当前制动踏板的当前位置，用于测算制动力。

（2）电子控制单元

控制单元根据环境感知单元传送回来的数据进行运算，并根据车辆其他传感器判断车辆当前状态，根据当前车辆的状态进行决策，并将决策信息发送给执行单元。例如，控制单元计算出本车与前车的实际距离小于设定的安全距离时，控制单元将通过控制减小发动机转矩和/或配合制动的方式进行减速。

（3）执行单元

执行单元主要由制动控制器、发动机管理系统、变速器管理系统组成。执行单元获得控制单元计算的数据及指令后，对车辆进行控制。制动控制器用于在紧急情况下对车辆进行制动；发动机管理系统根据计算得到的数据修正发动机的转矩输出，控制车辆的加速、减速以及定速行驶；变速器管理系统和发动机管理系统进行配合使用，控制车辆发动机在不同转速下的换档操作。

（4）人机交互单元

人机交互单元主要由自适应巡航控制开关、仪表盘组成。人机交互单元的主要作用是便于驾驶员对自适应巡航控制操控并指示自适应巡航控制的工作状态。当驾驶员启动自适应巡航控制时，车辆仪表盘会出现自适应巡航控制的图标提示当前系统已经启动。

3. 自适应巡航控制的工作原理

在对自适应巡航控制进行设计时，通常需要做出如下需求规定：自适应巡航控制的定速控制和车辆间距控制系统可以进行状态选择；自适应巡航控制对静止目标没有跟踪功能，对于动态目标应当具有探测距离、目标识别、跟踪等功能；如果当前车速低于自适应巡航控制的最低启动车速，则自适应巡航控制不工作；驾驶员的制动操作可以随时中断自适应巡航控制，驾驶员对车辆具有绝对的控制权；自适应巡航控制的车间时距需要满足不同速度、不同工况下的行驶条件。

驾驶员开启自适应巡航按钮后，系统开始工作，车辆前部的摄像头和毫米波雷达检测车辆前方道路信息，轮速传感器收集当前的车辆行驶速度，转向角传感器输出当前车辆的转角信息。当车辆前部的摄像头和毫米波雷达没有检测到前方有车辆时，汽车按照驾驶员设定的速度进行行驶；当检测到前方出现车辆时，电子控制单元计算感知单元得到的数据（综合测算两车的相对距离、相对速度），结合 EMS 模块、制动模块对车辆进行纵向控制，保证车辆与前车保持安全距离。巡航系统的控制逻辑示意图如图 5 – 11 所示。

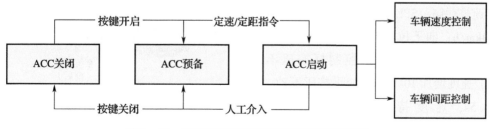

图 5 – 11　自适应巡航控制系统的控制逻辑示意图

ACC 共有 3 个状态，分别为关闭、预备和工作。当 ACC 关闭时，ACC 系统不工作，此时车辆的控制全部依赖于驾驶员。当驾驶员激活 ACC 后，ACC 进入预备状态，此时 ACC 系统等待驾驶员的定速指令，但是不参与车辆的纵向控制。当驾驶员下达定速指令后，ACC 进入工作状态，此时车辆以指定的速度行驶，如果前方没有检测到车辆，则继续以指定速度行驶；如果前方检测到车辆，控制单元根据感知单元的数据进行计算，输出给执行单元对车辆进行控制。

4. 自适应巡航控制的应用

当前，自适应巡航控制已经广泛应用于汽车中。本书介绍应用在奥迪 A6L 上的自适应巡航控制，其系统示意图如图 5 - 12 所示。

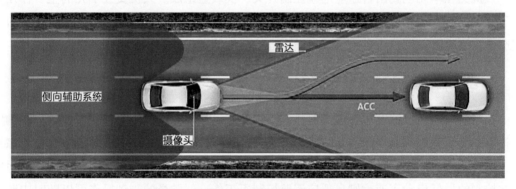

图 5 - 12　奥迪 A6L 自适应巡航控制系统示意图

奥迪 A6L 使用的自适应巡航控制是基于单目摄像头和双毫米波雷达的系统解决方案，奥迪 A6L 的摄像头位于车辆前风窗玻璃的上方，双雷达隐藏在雾灯格栅后。奥迪 A6L 的自适应巡航控制的控制器如图 5 - 13 所示。

"OFF" 代表自适应巡航功能关闭；"CANCEL" 代表 "待命模式"，同时在存储器中保存期望车速值；"ON" 代表自适应巡航功能开启；"RESUME" 代表恢复到预定车速。用户在开启 ACC 后，若按压 "SET" 按键，当前车速被存储。SPEED 控制杆向上推一次，增加 10km/h；向下拉一次，减少 10km/h（最大车速为 210km/h）。如果控制杆按压不超过 0.5s，速度增加 10km/h，如果按压不动，每超过 0.5s，速度持续增加 10km/h。其中 "DISTANCE" 可以分几个阶段调整与前车的距

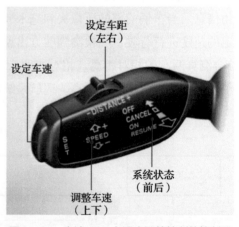

图 5 - 13　奥迪 A6L 自适应巡航控制的控制器

离或者时间间隔。前方车辆的时间间隔（跟车距离）被分为 7 级，可以通过设定来更改跟

车距离，由驾驶员主动设置的时间间隔点表示。如果测量距离超过了设定距离的下限，则会要求驾驶员踩制动踏板，会有制动图标出现，并伴有声音警告；如果驾驶员不采取措施的话，车辆会紧急制动来保障车辆的安全。

奥迪 A6L 的自适应巡航控制相比于其他厂家具有如下优势：

1）其他自适应巡航控制一般需要在 30km/h 以上的速度才能激活，应用于奥迪 A6L 的新一代自适应巡航控制在 0km/h 时即可激活，系统会自动加速到 30km/h。

2）奥迪 A6L 的自适应巡航控制具有走停功能（ACC Go&Stop）。如果前车开始加速，并且不超过驾驶员预先设定的巡航速度，系统将自动加速跟随前车；如果前车正常减速，系统可以一直跟随前车自动减速，直至完全停止，当前车再次前进时，驾驶员只需轻踏加速踏板或按键确认，便可实现继续跟随；如果前车让出车道，系统将自动加速到驾驶员预设的速度进行巡航。在这些过程中，系统会时刻监视旁边车道内车辆的运动趋势，以判断是否有车要插入本车前方的空当。除了设定巡航速度，驾驶员还可以设定与前车保持距离的等级。

预计以后自适应巡航控制将和其他智能驾驶系统融合到一个域控制器中进行集中计算与控制，自适应巡航控制是未来自动驾驶汽车的重要系统组成成分。

5. 自适应巡航控制的测试标准

当前我国已经发布了针对自适应巡航控制的国家标准 GB/T 20608—2006《智能运输系统自适应巡航控制系统性能要求与检测方法》，该标准中明确规定了自适应巡航控制系统的基本控制策略、最低功能要求、基本的人机交互界面、故障诊断的要求及性能检测规程。

在标准的性能要求中，详细规定了自适应巡航系统的基本控制策略及测试方法，其系统行为如下：

1）当自适应巡航控制处于工作状态时，本车通过对速度的自动控制来与前车保持一定的车间时距或预先的设定速度（以二者中速度较低者为准），这两种控制模式之间的转换可由自适应巡航控制自动完成。

2）稳定状态的车间时距可由系统自动调节或由驾驶员调节。

3）当本车的速度低于最低工作速度时，应禁止由"等待状态"向"工作状态"进行转换。此外，如果系统处于"工作状态"并且速度低于最低工作速度时，自动加速功能应该被禁止，此时自适应巡航控制可由"工作状态"自动转换为"等待状态"。

4）如果前方存在多辆车，自适应巡航控制应该自动选择跟随本车道内最接近的前车。

该标准规定了自适应巡航控制的基本性能，包括控制模式、车间时距、本车速度、静止目标、跟踪时的直道探测距离、跟踪时的目标识别能力、跟踪时的弯道适应能力、人机交互功能等多种性能。

在性能评价方法中，该标准规定了测试环境条件、试验目标参数、探测距离测试、目标识别能力测试、弯道适应能力测试等内容，涵盖了不同工作情况的多种指标测试，并且对不同指标进行了量化规范。

该标准是国内目前应用于自动适应巡航控制的国家标准，有兴趣的读者可以阅读该标准全文进行学习。

四、车道偏离预警系统

1. 车道偏离预警系统的定义

车道偏离预警系统（Lane Departure Warning System，LDW）实时监测车辆在本车道的行驶状态，并在出现或即将出现非驾驶意愿的车道偏离时发出警告信息。它可减少驾驶员因为车道偏离而引发的交通事故。该系统使用摄像头作为视觉传感器检测车道线，计算车辆在车道中的位置信息及运动信息，判断车辆当前是否偏离车道。如果车辆偏离车道且驾驶员没有进行纠正时，系统会发出警告或通过方向盘振动的方式提示驾驶员，该系统的示意图如图 5－14 所示。

图 5－14　车道偏离预警系统示意图

2. 车道偏离预警系统的组成

车道偏离预警系统主要由环境感知单元、电子控制单元、执行单元组成。该系统的组成如图 5－15 所示。

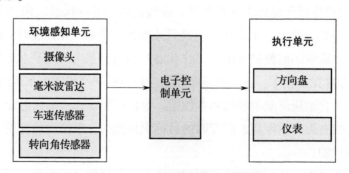

图 5－15　车道偏离预警系统组成

（1）环境感知单元

环境感知单元主要由摄像头、毫米波雷达、车速传感器、转向角传感器组成。摄像头主要用于感知车辆前方道路状况，并将感知信号从模拟信号转变为数字信号；车速传感器感知当前车辆的车速；转向角传感器用于感知当前车辆的转角，用于下一步对车辆当前状态的判断。

（2）电子控制单元

电子控制单元主要负责综合环境感知单元的信号进行信息处理，主要包括数字图像处理、车辆状态分析及判断和决策控制。

（3）执行单元

执行单元主要包括方向盘和仪表，主要执行电子控制单元发出的指令。当车辆偏离车道线时，仪表盘上将显示车辆偏离的图标并通过报警装置进行报警，同时方向盘会进行振动来提醒驾驶员。

3. 车道偏离预警系统的原理

通常由一个或多个图像传感器提供道路的多帧图像，这些传感器连接至处理器的多个视频端口。数据进入系统后，它被实时地变换成可处理的格式，在处理器内部，首先进行预处理，过滤掉图像捕获期间混入的噪声，然后探测车辆相对于车道标志线的位置。道路图像的输入信息流被变换为一系列画出道路表面轮廓的线条，在数据字段内寻找边缘就能发现车道标志线，这些边实际上形成了车辆向前行驶应保持的边界。处理器则要时刻跟踪这些标志线，以确定行车路线是否正常。一旦发现车辆无意间偏离车行道，处理器做出判断后输出一个信号驱动报警电路，让驾驶员立即纠正行车路线。报警形式可以是蜂鸣器或喇叭，也可以用语言提示，还有用振动座椅或方向盘来提醒驾驶员的形式。LDW系统还要考虑到汽车正常使用的制动装置和转向装置。这些装置会影响LDW的工作，使系统复杂化。因此，在慢速行驶或制动、正常转向时，LDW系统是不工作的。

4. 车道偏离预警系统的应用

本书介绍的车道偏离预警系统是Volvo XC60车道偏离预警系统，该系统的示意图如图5-16所示，操作按键如图5-17所示。

该系统在行驶速度高于65km/h时可以启动，可检测当前车辆是否压线或即将偏离车道，如果检测到车辆偏离或压线时，仪表盘会显示红色的报警标志，并发出报警声音提示驾驶员，同时，方向盘会振动来提醒驾驶员。如果车辆打转向灯或驾驶员有转向、加速时，该系统认为驾驶员在控制车辆，系统不工作。

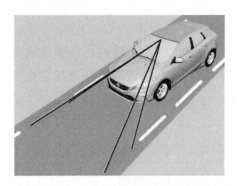

图 5-16 Volvo XC60 的车道偏离预警系统示意图

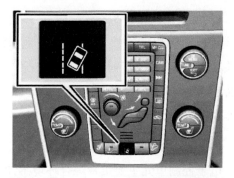

图 5-17 Volvo XC60 的车道偏离预警按键

在图 5-18 所示的仪表显示功能中，如果车辆发生偏离，车道偏离预警（LDW）功能的路边标线（图形内标记为红色）。如果显示"白色"路边标线，此功能激活，检测到单边车道。如果显示"灰色"路边标线，此功能激活，但左侧和右侧路边标线均未检测到。

5. 车道偏离预警系统的测试

图 5-18 Volvo XC60 的车道偏离预警仪表显示功能

当前我国已经发布了针对车道偏离预警系统的国家标准GB/T 26773—2011《智能运输系统　车道偏离报警系统性能要求与检测方法》，该标准中明确规定了车道偏离报警系统的定义、分类、功能、人机界面以及检测方法等。

在该标准中，规定了系统要求和操作要求，车道偏离报警系统应该至少具有以下功能：

1）监测系统状态，包括系统故障、系统失效、系统的开/关状态（如果有开关）。

2）向驾驶员提示系统当前的状态。

3）探测车辆相对于车道边界的横向位置。

4）判断是否满足报警条件。

5）发出报警。

操作要求要满足如下功能：

1）当满足报警条件时，系统应自动发出报警提醒驾驶员。

2）乘用车最迟报警线位于车道边界外侧 0.3m 处，商用车最迟报警线位于车道边界外侧 1m 处。

3）当车辆处于报警临界线附近时，系统应持续报警。

4）尽可能减少虚警的发生。

5）Ⅰ类系统（曲率半径≥500m）应当在车速大于或者等于 20m/s 时正常运行，Ⅱ类系统（曲率半径≥250m）应当在车速大于或等于17m/s时正常运行。

在该标准中，规定了车道偏离报警系统的测试方法，主要包括测试环境条件、测试的车道条件、测试的车辆条件、测试系统的安装与设置、报警产生测试、可重复性测试、虚警测试、测试合格标准等内容，并针对测试方法提出了详细的可量化的方法。例如，可重复性测试要求在一段直线路段进行，车辆行驶速度根据系统分类选取，对于I类系统选择20~22m/s，II类系统选择17~19m/s，车辆可沿着车道中央行驶或者靠近与车辆即将偏离超越车道标识相对的另一侧车道标识行驶，如果将要向车道右侧偏离，则车辆可以沿左侧的车道标识行驶，反之亦然。其测试示意图如图5-19所示。

当车辆按照指定速度沿着测试车道跟踪行驶并且达到稳定状态后，车辆可向车道左侧和右侧逐渐偏离。当偏离速度条件为 $0.1\text{m/s} < (V_1 \pm 0.05) \leq 0.3\text{m/s}$ 时，进行两组共8次测试（第一组的四次向左偏离，第二组的四次向右偏离）；当偏离速度条件为 $0.6\text{m/s} < (V_2 \pm 0.05) \leq 0.8\text{m/s}$ 时，进行另外的两组共8次测试（第三组的四次向左偏离，第四组的四次向右偏离），即共需进行16次测试。V_1、V_2 由设备制造商预先选择，是车辆的行驶速度。测试人员应根据表5-1所列的偏离速度以组（每组四次测试）为单位顺次进行测试。

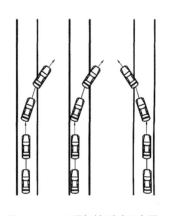

图5-19 可重复性测试示意图

表5-1 车道左侧和右侧偏离测试表

偏离速度/（m/s）	偏离方向	
	左	右
$0.1 < (V_1 \pm 0.05) \leq 0.3$	第1组测试4次	第2组测试4次
$0.6 < (V_2 \pm 0.05) \leq 0.8$	第3组测试4次	第4组测试4次

关于该标准的更多详细内容，有兴趣的读者可以阅读该标准全文进行学习。

五、车道保持辅助系统

1. 车道保持辅助系统的定义

车道保持辅助系统（Lane Keeping Assist，LKA）实时监测车辆与车道边线的相对位置，持续或在必要情况下控制车辆横向运动，使车辆保持在原车道内行驶。它是利用摄像头等传感器感知并计算车辆在车道中的位置信息及运动信息，利用车辆的转向和制动系统对车辆进行控制，防止车辆偏离车道而发生事故。车道保持辅助系统会对车辆的转向进行微调，使车辆驶回原车道行驶。其系统的示意图如图5-20所示。

图5-20　车道保持辅助系统示意图

2. 车道保持辅助系统的组成

车道保持辅助系统主要由环境感知单元、电子控制单元和执行单元组成，其系统结构如图5-21所示。

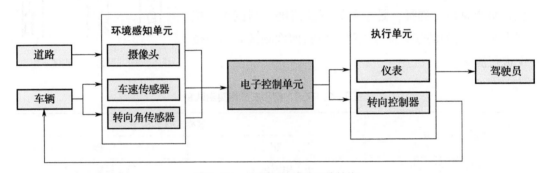

图5-21　车道保持辅助系统结构

（1）环境感知单元

环境感知单元主要由摄像头、车速传感器、转向角传感器组成。摄像头主要用于感知车辆前方道路状况；车速传感器感知当前车辆的车速；转向角传感器用于感知当前车辆的转角。

（2）电子控制单元

电子控制单元主要负责将摄像头传输的数据进行处理，在车道保持辅助系统中主要是根据摄像头的传输数据进行车道线的识别，并且根据车速传感器和转向角传感器综合判断当前车辆的状态，处理后将控制信号发送给执行单元。

（3）执行单元

执行单元主要包括转向控制器和仪表，主要执行电子控制单元发出的指令。当车辆偏离车道线时，仪表盘上将显示车辆偏离的图标并通过喇叭进行报警提示，如果驾驶员还未对车辆进行控制，则转向控制器（主要是 EPS）将根据电子控制单元的计算数据对方向盘转角进行微调。

3. 车道保持辅助系统的原理

车道保持辅助系统利用视觉传感器采集道路图像，利用车速传感器采集车速信号，利用方向盘转角传感器采集转向信号。如果识别出两侧的车道边界线，控制单元会计算车道宽度和曲率，同时计算车辆处于当前车道的位置，并根据方向盘转角传感器计算车辆接近车道边界线的角度，根据综合计算的数值和车辆当前位置确定警报提醒。当车辆行驶可能偏离车道线时，系统发出报警；如果检测到车辆偏离车道线后，电子控制单元控制方向盘转向，并施加操作力使车辆回到正常轨道。如果驾驶员打开转向灯，正常进行变线行驶，那么系统不会做出任何提示。

4. 车道保持辅助系统的应用

本书介绍的是应用于奥迪 A8 车型的车道保持辅助系统。该系统主要由 3 部分构成：带摄像头的控制单元、带振动电机的多功能方向盘、车道保持辅助功能启动按键。其系统构成如图 5-22 所示。

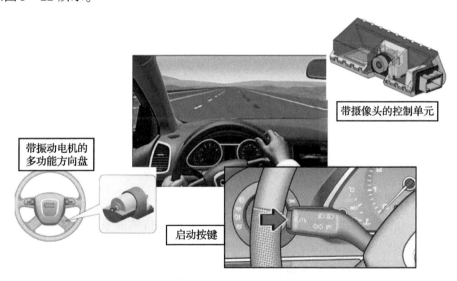

图 5-22　奥迪 A8 的车道保持辅助系统构成

奥迪 A8 采用摄像头和控制单元集成设计的方案，该摄像头总成安装在车辆前风窗玻璃的支架上面并进行固定，摄像头的探测距离最大约为 60m，摄像头的分辨率为 640×480 像素，使用 CAN 总线和 ECU 进行通信。摄像头总成可以探测车辆前方道路情况，并通过控制单元对路况进行分析，得到当前车道的边界信息以及当前车辆在道路中的状态信息来确定是否进行报警及控制。在奥迪 A8 的方向盘上装有振动电机，它可以产生振动来提醒驾驶员，方向盘的振动时间取决于驾驶员的对于当前道路的反应情况，一般时间在 1s 左右。车道保持辅助系统的启动按键集成在奥迪 A8 的转向拨杆上，按下按键后，如果行驶车速高于 60km/h，那么车道保持辅助系统将会启动，仪表盘上会出现指示图标。正常工作的仪表指示图标如图 5-23 所示。

指示图标分别有 3 种颜色，分别为绿色、黄色和灰色，如图 5-24 所示。

图 5-23　车道保持辅助系统的仪表指示图标

图 5-24　指示图标

如果仪表盘上的指示灯为绿色，表明此时系统已经激活并且可以开始工作。如果仪表盘上的指示灯为黄色，表明此时系统已经激活，但因为某些原因无法工作：只检测到单车道边界线或没有车道边界线；无法检测出车道线（大雪覆盖、污渍、逆光等情况下）；车速低于 60km/h；车道宽度过宽，超出了摄像头检测角；车辆转弯半径过小。如果仪表盘上的指示灯为灰色，表明此时系统已经关闭。按下启动按键即可重新启动系统。

5. 车道保持辅助系统的测试

我国于 2020 年 11 月 19 日发布了针对车道保持辅助系统的国家标准 GB/T 39323—2020《乘用车车道保持辅助（LKA）系统性能要求及试验方法》，该标准中明确规定了乘用车车道保持辅助（LKA）系统的要求、试验条件和试验方法。

（1）系统性能要求

在标准的一般要求和性能要求中，详细规定了车道保持辅助系统的状态转换、功能安全及测试偏差要求，其规定如下：

1）系统应能在状态良好的车道边线环境下识别车辆与车道边线的相对位置，辅助驾驶员将车辆保持在原车道内行驶。

2）系统至少应具备车道偏离抑制或车道居中控制功能。

3）系统应具备开机自检功能，能检查 LKA 系统相关的主要电气部件和传感元件是否正常工作。

4）系统应具备手动开/关功能，且应避免驾驶员误操作。

5）系统应监测自身状态并向驾驶员提示清晰、易懂的状态信息，包括系统故障、系统待机/激活、系统开/关等。其中，系统开/关信息可通过调取菜单等间接方式查看。

6）系统应设置功能抑制、失效、退出条件并通过机动车产品使用说明书予以说明。

7）车道偏离抑制功能应确保车道偏离不超过车道边线外侧 0.4m；车道居中控制功能应确保车道偏离不超过车道边线外侧。

8）车道偏离抑制功能引起的车辆纵向减速度应不大 $3m/s^2$，引起的车速减少量应不大于 $5m/s$。

9）系统激活时引起的车辆横向加速度应不大于 $3m/s^2$，车辆横向加速度变化率应不大于 $5m/s^3$。

10）系统至少应在 $70 \sim 120km/h$ 的车速范围内正常运行。

（2）系统状态与转换

该标准规定的车道保持辅助系统的系统状态与转换如图 5 - 25 所示。

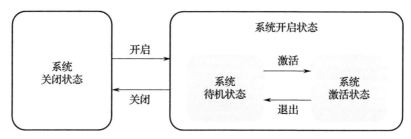

图 5 - 25　车道保持辅助系统的系统状态与转换

系统的状态及转换关系表述如下：

1）LKA 系统开启、关闭可自动或手动进行。

2）当处于待机状态时，LKA 系统应实时监测车辆运行状态，但不执行任何车道保持操作。当运行状态满足系统激活条件时，系统可自动或经驾驶员确认后由待机状态转换为激活状态。

3）当处于激活状态时，LKA 系统应实时监测车辆运行状态，当满足系统退出条件时，由激活状态退出为待机状态。

4）当 LKA 系统处于激活状态时，如车辆发生非驾驶意愿的车道偏离，LKA 系统应进行车辆横向运动控制以辅助驾驶员将车辆保持在原车道内行驶。除此之外，LKA 系统可通过某些预先设计的指令停止或减少非必要的车道保持动作。

（3）试验类型及方法

该标准规定了车道保持辅助系统的试验类型及试验方法。试验类型如下：

1）直道车道偏离抑制试验。

2）弯道车道偏离抑制试验。

3）车道居中控制试验。

具备车道偏离抑制功能的车辆应进行直道车道偏离抑制试验和弯道车道偏离抑制试验，具备车道居中控制功能的车辆应进行车道居中控制试验。

该标准是国内目前应用于车道保持辅助系统的国家标准，有兴趣的读者可以阅读该标准全文进行学习。

六、车道跟随辅助系统

1. 车道跟随辅助系统的定义

车道跟随辅助系统（Lane Following Assist，LFA）是利用摄像头等传感器感知并计算车辆在车道中的位置信息及运动信息，利用车辆的转向和制动系统对车辆进行控制，保证车辆行驶在车道线中央的一种系统。其系统的示意图如图5-26所示。

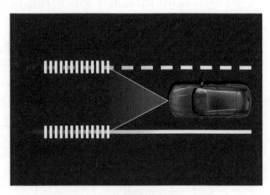

图5-26　车道跟随辅助系统示意图

2. 车道跟随辅助系统的组成

车道跟随辅助系统主要由环境感知单元、电子控制单元和执行单元组成，其系统结构如图5-27所示。

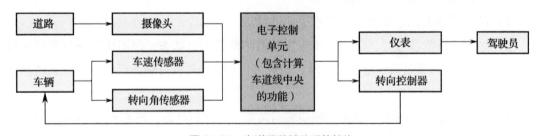

图5-27　车道跟随辅助系统结构

（1）环境感知单元

环境感知单元主要由摄像头、车速传感器、转向角传感器组成。摄像头主要用于感知车辆前方道路状况和车道线的相关信息；车速传感器感知当前车辆的车速；转向角传感器用于感知当前车辆的转角。

（2）电子控制单元

电子控制单元主要负责将摄像头传输的数据进行处理，在车道跟随辅助系统中主要是根据摄像头的传输数据进行车道线的识别，并且计算车道线中间位置并规划车辆行驶路径，同时根据车速传感器和转向角传感器综合判断当前车辆的状态，处理后将控制信号发送给执行单元。

（3）执行单元

执行单元主要包括转向控制器和仪表，主要执行电子控制单元发出的指令。该系统启动后，转向控制器（主要是 EPS）会控制车辆保持在车道线中央行驶。

3. 车道跟随辅助系统的原理

车道跟随辅助系统利用视觉传感器采集道路图像，利用车速传感器采集车速信号，利用转向盘转角传感器采集转向信号，在行驶过程中识别出两侧的车道边界线，控制单元会动态计算车道的宽度及曲率并计算车道中线，同时计算车辆的目标行驶路径，再根据综合计算的参数等信息，控制转向系统使车辆保持在车道线中央行驶。驾驶员可以随时对该功能进行干预控制，如果驾驶员变换车道或打开转向灯出现变道行驶的趋势，则该功能不会发出警告。

4. 车道跟随辅助系统的应用

本书介绍的车道跟随辅助系统是应用于起亚凯酷车型的车道跟随辅助系统，该系统主要由 4 部分构成：摄像头、毫米波雷达、控制单元、车道跟随辅助功能启动按键。系统的摄像头实物图如图 5 - 28 所示。

凯酷的车道跟随辅助系统的功能主要有维持车辆在车道中央行驶和先行车跟随功能。凯酷采用摄像头、毫米波雷达和控制单元集成设计的方案，该摄像头总成安装在车辆前风窗玻璃的支架上面并进行固定，摄像头的探测距离范围为 150m 左右，使用 CAN 总线和控制单元进行通信。摄像头采集前方道路信息后发送给控制单元，控制单元通过坐标变换、车道线检

图 5 - 28　凯酷车道跟随辅助系统的摄像头

测、模型重构等多种方法进行计算判断车道线边缘并计算车道线的相对中央位置，同时综合车辆转向角等信息对车辆的行驶路径进行规划，计算后将控制指令发送给执行单元，控制车辆保持在车道中央行驶。凯酷采用 77GHz 频率的毫米波雷达，毫米波雷达将感测数据发送给控制单元，控制单元计算相关数据后可以得到本车与前车的相对距离，实现先行车跟随功能。该系统的示意图如图 5 - 29 所示。

凯酷车道跟随辅助系统的启动按钮设置在车辆的方向盘上，按下启动按钮后即可启动系统。该系统可在所有道路类型下工作，启动速度为 0 ~ 175km/h，启动后仪表盘上会出现指示图标，表明系统正常工作。该系统主要为驾驶员提供便利驾驶的功能，其开关如图 5 - 30 所示。

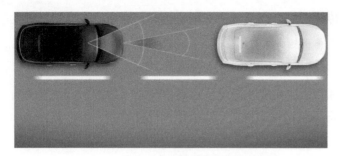

图5-29　凯酷车道跟随辅助系统的示意图

图5-30　凯酷车道跟随辅助系统的开关

七、车辆盲区监测系统

1. 车辆盲区监测系统的定义

盲区监测（blind spot detection，BSD）可实时监测驾驶员视野盲区，并在其盲区内出现其他道路使用者时发出提示或警告信息。它又可简称为 BCA（Blind-Spot Collision-Avoidance Assist）车辆在变道行驶时，由于转弯时后视镜存在视野盲区，驾驶员仅凭后视镜的信息是无法完全判断后方车辆的信息，在一些恶劣天气，例如雨雪、大雾、冰雹等天气状况增大了驾驶员的判断难度，汽车在变道行驶时存在碰撞或刮擦的危险。BSD 通过安装在左右后视镜或其他位置的传感器感知后方道路信息，如果后方有车辆、行人、自行车及其他移动物体靠近时，盲区监测系统就会通过声光报警器提醒驾驶员或在紧急情况下进行制动。车辆盲区监测系统的示意图如图 5-31 所示。

图5-31　车辆盲区监测系统的示意图

2. 车辆盲区监测系统的组成

车辆盲区监测系统一般由感知单元、电子控制单元和执行单元等组成，如图5-32所示。

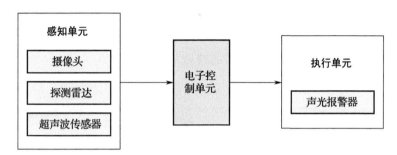

图5-32　车辆盲区监测系统的组成

（1）感知单元

感知单元目前使用的传感器主要是摄像头、探测雷达、超声波传感器。感知单元的主要作用是检测汽车后方视野盲区中是否有行人、自行车以及其他车辆，将感知的信息传送给电子控制单元，便于后期进行信息判断及处理。

（2）电子控制单元

电子控制单元的主要作用是将感知单元的信息进行处理及判断，将信号输出给执行单元。

（3）执行单元

执行单元主要由声光报警器组成，其主要作用是执行电子控制单元的指令。声光报警器主要包括显示装置和报警装置，如果检测到后方存在危险，那么显示装置就会在后视镜上显示碰撞危险图标并闪烁提示，报警装置会发出报警声来提示驾驶员。

3. 车辆盲区监测系统的原理

车辆盲区监测系统是通过安装在车辆后视镜或其他位置的传感器（主要为摄像头、毫米波雷达等）来检测后方的车辆，电子控制单元对感知单元的数据进行计算及判断，如果检测到盲区中有机动车或者自行车，声光报警器会发出警报，后视镜上显示碰撞危险图标并闪烁提示，部分车型还可以进行紧急制动。

4. 车辆盲区监测系统的应用

本书介绍的是应用于起亚凯酷车型的车辆盲区监测系统，系统的示意图如图5-33所示。

凯酷的车辆盲区监测系统主要由安装在左右两个后视镜上面的毫米波雷达完成，该毫米波雷达使用24GHz的毫米波雷达，该毫米波雷达可探测最远距离大约为50m，探测的角度约为30°，可识别高度为50cm以上的物体。毫米波雷达可以感知后方来到的机动车辆、自行车等移动物体，电子控制单元可以计算移动物体和当前车辆的相对速度，如果相对速度大于系统设定的阈值，则此时车辆盲区监测系统启动，车辆外后视镜指示灯常亮（图5-34）。若此时驾驶员试图变更车道到危险车道，车辆外后视镜指示灯会闪烁，警报蜂鸣器发出报警声音提示驾驶员有碰撞危险。

图5-33 凯酷车型的车辆盲区监测系统示意图

图5-34 凯酷盲区监测系统功能实拍图

如果驾驶员仍然进行变道，凯酷会启动紧急制动系统，及时对车辆进行制动并调整车辆当前的运动方向。其功能示意图如图5-35和图5-36所示。

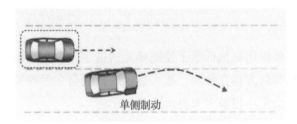

图5-35 后方来车单侧制动示意图

图5-36 侧方来车单侧制动示意图

除此之外，凯酷在两侧的后视镜中还搭载了两个摄像头，这两个摄像头是凯酷的盲区显示系统（Blind-Spot View Monitor，BVM）的感知传感器。该摄像头使用全方位侧摄像头，可显示后方约100m的图像，图像显示效果较为清晰。其系统摄像头如图5-37所示。

根据驾驶者开启转向灯的方向，将该方向后侧方影像显示在凯酷的12.3in仪表盘上，提高整

图5-37 凯酷盲区显示系统摄像头

车的驾驶便利性。其仪表显示如图 5 - 38 和图 5 - 39 所示。

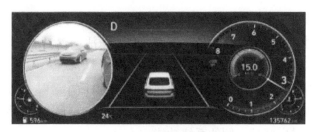

图 5 - 38　左侧盲区仪表显示

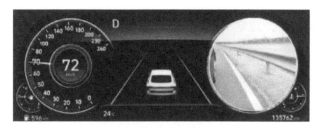

图 5 - 39　右侧盲区仪表显示

北美地区国家汽车的后视镜一般采用平镜，视野角为 15°，我国汽车的后视镜采用曲镜，视野角约为 25°。搭载了盲区显示系统的凯酷的视场角可达到 50°，大幅改善了原有后视镜的盲区部分，可以消除驾驶者对盲区的不安感，是一项较为实用的配置。其视野角和视场角示意图如图 5 - 40 所示。

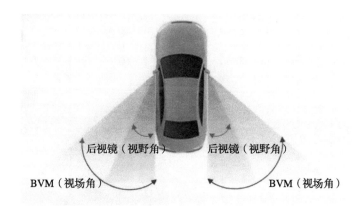

图 5 - 40　盲区显示系统视野角和视场角示意图

5. 车辆盲区监测系统的测试

我国于 2020 年 11 月 19 日发布了针对车辆盲区监测系统的国家标准 GB/T 39265—2020《道路车辆　盲区监测（BSD）系统性能要求及试验方法》，该标准中明确规定了汽车盲区监测（BSD）系统的一般要求、性能要求和试验方法。

（1）系统激活方式

BSD 系统开启且处于非激活状态时，系统可检测目标车辆，但不应向驾驶员发出警告。BSD 系统激活时，系统至少能通过下列方式之一激活：

1）启动激活：车辆启动后，系统自动启动并进入激活状态。

2）最低速度激活：车辆速度达到系统设计的最低激活车速时系统自动激活。

3）转向信号激活：系统接收到车辆发出的转向信号或判定其即将或正在进行转向操作时，自动激活目标转向区域一侧的系统功能。

（2）监测范围

在标准的性能要求中，规定了 M_1、N_1 类车辆盲区监测范围，其监测范围示意图如图 5 - 41 所示。

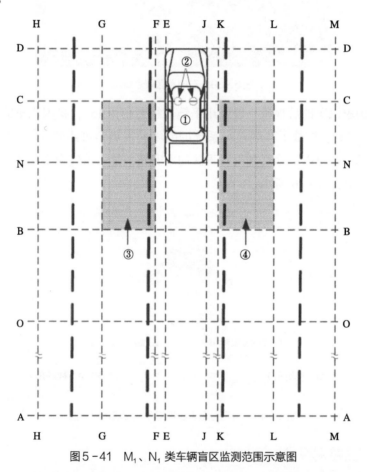

图 5 - 41　M_1、N_1 类车辆盲区监测范围示意图

图中线条旨在更准确说明盲区监测警告要求，右侧、左侧和后部等描述参考试验车辆的行驶方向，图中所给出的所有尺寸均相对试验车辆而言，其中①是试验车辆，②是第 95 百分位眼椭圆的中心，③是 FCGB 围成的区域为直线工况下的车辆左侧盲区监测范围，④是 KCLB 围成的区域为直线工况下的车辆右侧盲区监测范围。具体各线条含义如下：

1）线 A 平行于试验车辆后缘，并位于试验车辆后缘后部 30.0m 处。

2）线 B 平行于试验车辆后缘，并位于试验车辆后缘后部 3.0m 处。

3）线 C 平行于试验车辆前缘，并位于第 95 百分位眼椭圆的中心。

4）线 D 为试验车辆前缘的双向延长线。

5）线 E 平行于试验车辆的中心线，并位于试验车辆车身（不包括外后视镜）左侧的最外缘。

6）线 F 平行于试验车辆的中心线，并位于试验车辆车身左侧最外缘的左边，与左侧最外缘相距 0.5m。

7）线 G 平行于试验车辆的中心线，并位于试验车辆车身左侧最外缘的左边，与左侧最外缘相距 3.0m。

8）线 H 平行于试验车辆的中心线，并位于试验车辆车身左侧最外缘的左边，与左侧最外缘相距 6.0m。

9）线 J 平行于试验车辆的中心线，并位于试验车辆车身（不包括外后视镜）右侧的最外缘。

10）线 K 平行于试验车辆的中心线，并位于试验车辆车身右侧最外缘的右边，与右侧最外缘相距 0.5m。

11）线 L 平行于试验车辆的中心线，并位于试验车辆车身右侧最外缘的右边，与右侧最外缘相距 3.0m。

12）线 M 平行于试验车辆的中心线，并位于试验车辆车身右侧最外缘的右边，与右侧最外缘相距 6.0m。

13）线 N 为试验车辆后缘的双向延长线。

14）线 O 平行于试验车辆后缘，并位于试验车辆后缘后部 10.0m 处。

该标准还规定了技术要求，包括目标车辆测试要求、盲区监测功能的警告要求、系统响应要求。在系统的测试条件中，该标准规定了系统的环境测试条件、试验测量系统、盲区监测试验等信息。

该标准是国内目前应用于车辆盲区监测系统的国家标准，有兴趣的读者可以阅读该标准全文进行学习。

八、车辆自适应前照明系统

1. 车辆自适应前照明系统的定义

车辆自适应前照明系统（Adaptive Front Lighting System，AFS）是可以根据不同的道路行驶条件自动改变多种照明类型的一种照明系统，该系统可以消除在恶劣天气、黑夜、能见度低等情况下汽车转向时由视野不明区域所带来的危险，为驾驶员提供更加安全可靠的照明视野。未搭载自适应前照明系统和搭载自适应前照明系统的示意图如图 5 - 42 和图 5 - 43 所示。

图 5 - 42　未搭载自适应前照明系统的照明示意图

图 5 - 43　搭载自适应前照明系统的照明示意图

2. 车辆自适应前照明系统的组成

自适应前照明系统主要由环境感知单元、控制单元、执行单元构成，如图 5 - 44 所示。

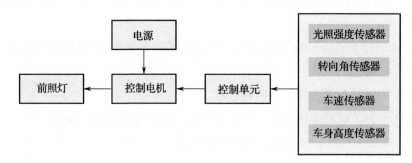

图 5 - 44　自适应前照明系统构成

（1）环境感知单元

环境感知单元的主要作用是感知当前的行驶环境信息并将信息通过 CAN 总线传递给控制单元。该单元主要由环境光照强度传感器、转向角传感器、车速传感器、车身高度传感器组成，其中环境光照强度传感器用于感知环境亮度，便于对车灯照明强度进行调节；转向角传感器用于感知当前车辆的转向角，便于调整前照灯的照射范围角；车速传感器用于感知当前车速；车身高度传感器用于感知当前车辆的高度，便于对灯光照射高度进行调节。

（2）控制单元

执控制单元的主要作用是对环境感知单元的数据进行计算分析，将计算后的输出结果传递给执行单元。

（3）执行单元

执行单元的主要作用是根据控制单元提供的控制信号对车辆前照灯进行高度及角度的调控。该单元主要由控制电机、电源和前照灯组成，电源驱动控制电机对前照灯进行高度和角度的调节。

3. 车辆自适应前照明系统的原理

车辆通过光照强度传感器不断感知环境的亮度，车速传感器和方向盘转角传感器不断地把检测到的信号传递给控制 ECU，ECU 根据传感器检测到的信号进行处理，对运算处理后的数据进行综合判断来输出前照灯转角，并控制前照灯转过相应的角度。车辆的灯光自动开启控制可采用阈值控制法，如果当前环境的亮度高于开启阈值，那么车辆前照灯将不开启；如果当前环境的亮度低于开启阈值，那么车辆前照灯将开启。车灯的电机控制一般使用 PID 控制方法进行控制，通过当前车灯的实际位置和实际角度与预设位置和预设角度的差值进行算法调控。

4. 车辆自适应前照明系统的应用

本书介绍的是应用于马自达阿特兹车型的自适应照明系统，如图 5-45 所示。

2019 款马自达阿特兹的自适应照明系统是日系车型首款搭载智能 LED 矩阵前照灯的车型。该系统将 LED 的远光灯分割成 40个单独的光源，在车辆行驶时，搭载在风窗玻璃上的车载摄像头可识别对向车辆和物体，如果检测到存在车辆或物体时，车灯照

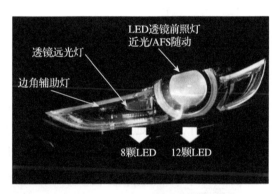

图 5-45　阿特兹的自适应照明系统

射的区域会渐变式自动熄灭与点亮。这样设计可以既保证驾驶员的安全性，又可以提高驾驶员的驾驶感受。

阿特兹的自适应照明系统主要有 3 种功能：防眩远光控制、分速调控、配光控制。

（1）防眩远光控制

阿特兹的前照灯分为行驶用前照灯和对向车用前照灯 2 种，夜间行驶时一般使用远光灯驾驶，当安装于前风窗玻璃上的相机感知到对向车的前照灯和前车的尾灯时，便会自动熄灭相应区域的 LED 前照灯，控制远光灯照射范围，既避免给对方造成晕眩困扰，又确保了远光灯的卓越识别性能。该系统在行驶速度为 40km/h 以上时自动启用。该系统的示意图如图 5-46 所示。

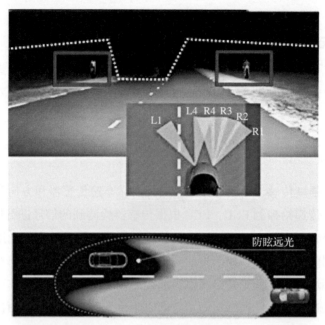

图5-46　阿特兹自适应照明系统防眩远光控制功能示意图

（2）分速调控

阿特兹的自适应照明系统可以根据车速的不同来调节前照灯照射的距离和宽度。当阿特兹行驶在低速时（40~60km/h），灯光照射的距离为160m，比原有的远光灯的视野更广，能快速发现行人；在中速模式下（60~105km/h），基本配光模式启动，照射距离为175m，中速和低速模式下照射宽度均为32m。高速模式下（105km/h以上）前照灯的光轴会自动上升，加强远方的照射性，前照灯照射距离为235m，宽度为30m左右，可确保高速道路下的远方辨识性。分速调控的示意图如图5-47所示。

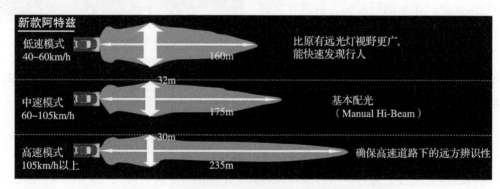

图5-47　阿特兹自适应照明系统分速调控功能示意图

（3）配光控制

阿特兹的自适应照明系统具有先进的配光控制系统。该系统可以根据转弯的半径和方向盘的角度来调整光束，分为6个阶段进行，可对应不同的转弯半径进行调控，转弯半径越大，光束的偏离角越大；并且在转向过程中阿特兹的左右前照灯可以进行配光重叠，配光重叠后的照射距离可达130m。配光控制的示意图如图5-48所示。

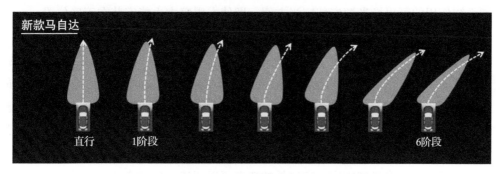

图5-48　阿特兹自适应照明系统配光控制功能示意图

5. 车辆自适应前照明系统的测试

当前我国已经发布了针对车辆自适应照明系统的国家标准GB/T 30036—2013《汽车用自适应前照明系统》，该标准中规定了汽车用自适应照明系统的技术要求、安装、试验方法和检验规则。

该标准的车辆自适应照明系统一般要求规定如下：

1）系统或其组件在正常使用条件下，即使受到振动仍能满足使用要求并符合标准规定。

2）系统或其组件应当配备一个装置，在系统装车时该装置允许对系统或其组件进行调整，以确保系统或其组件符合整车的安装规定。如果该装置的作用可以由车上的其他功能替代，则允许免去安装该装置。

3）系统应使用符合GB 15766.1和/或ECE R37和ECE R99规定的光源，但使用LED模块除外。使用的光源应满足以下要求：

①采用可替换光源时，设计的系统应该保证装入系统的光源固定在正确的位置上。

②采用不可更换光源时，该光源不允许作为提供中性状态近光的照明单元的组成部分。

③若采用LED模块作为光源，系统应符合GB 25991—2010中规定的LED模块和电源控制器一般要求、显色性、抗UV辐射以及标准中规定的温度稳定性、光色稳定性和目标光通量等要求。

4）在设计成远近光可转换的系统及其组件上，与照明单元组合并用于控制光束转换的任何机械、电子机械或其他装置，其结构应满足如下要求：

①应有足够的强度，在正常使用条件下，即使受到振动，仍能通过50000次工作且不允许损坏。

②能随时获得近光或远光而不会停在这两种光束之间或其他不确定位置，如果这些要求无法满足，那么其所处的状态应符合法规规定的其他要求。

③一旦出现故障，系统应能自动获得近光，或通过关闭、减光、向下照准和/或功能替代。

④用户采用普通工具不能改变活动部件的形状或位置，或影响开关装置。

⑤设计的系统在一个光源和/或一个 LED 模块失效时，能提供一个失效信号。

⑥系统使用的可更换光源安装应当方便，即使在黑暗中也能安装在正确位置。

⑦系统不应产生会引起汽车其他电器/电子系统误动作的辐射或电源线传导骚扰。

在系统要求中该标准还规定了系统的光色、配光性能等。该标准规定的试验方法中，规定了试验的一般要求、配光测量的一般要求、不同光源下的测量、弯道照明模式的测量、对 AFS 系统或其组件中配置 LED 模块的功能单元的测量试验。在标准规定的检验规则中，规定了系统型式的判定、型式检验和生产一致性的符合性、型式检验、生产一致性检验等内容。

关于该标准的更多详细内容，有兴趣的读者可以阅读该标准全文进行学习。

九、智能泊车辅助系统

1. 智能泊车辅助系统的定义

智能泊车辅助系统（Intelligent Parking Assist，IPA）在车辆泊车时，自动检测泊车空间并为驾驶员提供泊车指示和/或方向控制等辅助功能。它是利用车辆传感器感知周边环境，对车辆可停泊的有效区域进行计算并进行泊车的一种系统。该系统示意图如图 5-49 所示。

该系统是一项非常便利的系统，它可以自动帮助驾驶员将车辆停入指定车位而无需人工操作，并且可以在停车时避免刮蹭，大大降低了驾驶员的操作负担和泊车的事故率，是一种较为智能的便利化系统。

图 5-49　智能泊车辅助系统示意图

2. 智能泊车辅助系统的组成

智能泊车辅助系统主要由环境感知单元、电子控制单元和执行单元组成，其系统结构如图 5-50 所示。

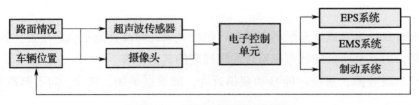

图 5-50　智能泊车辅助系统结构

（1）环境感知单元

环境感知单元的主要作用是在车辆泊车时感知当前车辆的位置以及周边的环境情况，主要由超声波传感器和摄像头组成。超声波传感器的主要作用是感知车辆与周边物体的距离，防止车辆与周边物体出现碰撞或刮蹭；摄像头传感器的主要作用是感知当前车辆的位置信息，并将数据发送给电子控制单元。

（2）电子控制单元

电子控制单元的主要作用是根据环境感知单元传输的信息，综合计算分析当前车辆的周边环境以及车辆当前的位置，并计算规划路径，将计算结果输出给执行单元。

（3）执行单元

执行单元的主要作用是接收电子控制单元的指令并且通过执行器执行指令，主要由EPS系统、EMS系统和制动控制系统组成，EPS系统接收电子控制单元的信号进行精准转向操作，EMS系统接收电子控制单元的信号控制发动机，制动控制系统接收电子控制单元的信号对车辆进行制动，以上系统配合使用可以保证车辆能够准确根据规划路径进行行驶，并且在接收到中断停止信号时紧急制动。

3. 智能泊车辅助系统的原理

智能泊车辅助系统工作原理是通过摄像头和超声波雷达感知车辆周围的环境，对周边环境进行分析，确定可以停泊的车位并获取车位的尺寸、位置等信息，使用泊车辅助算法计算泊车路径，自动转向操纵汽车泊车。该系统的工作流程如图5-51所示。

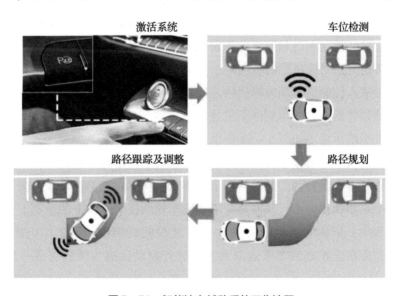

图5-51　智能泊车辅助系统工作流程

（1）激活系统

汽车进入停车区域后缓慢行驶，手动开启智能泊车辅助系统，或者根据当前车速自动启动系统。

（2）车位检测

通过车载传感器获取环境信息，传感器主要采用超声波雷达和摄像头，识别出可以停车的车位。

（3）路径规划

根据系统感知的环境信息，电子控制单元计算出一条能直接安全泊车的行车路径。

（4）路径跟踪及调整

通过转向、发动机和制动模块的协调控制，汽车可以跟踪已规划路径并且在泊车过程中及时进行调整。

4. 智能泊车辅助系统的应用

目前智能泊车辅助系统主要分为半自动泊车辅助系统和全自动泊车辅助系统。

半自动泊车辅助在目前的部分车辆都有配备。在自动泊车过程中需要驾驶员通过加速、制动、换档等操作参与泊车的过程。本书介绍的半自动泊车辅助系统是哈弗 H6 搭载的半自动泊车辅助系统。

在发动机起动状态下挂入 D 位，且满足车速低于 30km/h 时，方可通过按下自动泊车辅助系统按键开启半自动泊车辅助系统。

目前哈弗 H6 支持平行泊车模式和垂直泊车模式，但是需要驾驶员通过操作界面进行泊车模式选择，默认情况下是只搜索前排乘客侧的停车位。若需要搜索驾驶员侧的停车位时，驾驶员需提前开启驾驶员侧的转向灯。完成以上步骤后，便以适宜的车速控制车辆前行，并与即将停放入位侧的车辆或障碍物之间保持 0.5～1.5m 的适当距离，以便半自动泊车辅助系统可通过传感器自动识别停车位并测量该停车位空间是否足够停放。哈弗 H6 的半自动泊车辅助系统示意图如图 5-52 所示。

接下来，当发现合适的停车位后，车辆组合仪表上将出现相应提示，而半自动泊车辅助系统将彻底接管方向盘转动。此时驾驶员可将双手从方向盘上移开，只需按照仪表盘中央的操作提示一步步执行即可，从而充分享受泊车辅助技术所带来的便利。由于在接下来的整个泊车过程中，车辆的制动以及在 D 位与 R 位间的档位切换工作仍需驾驶员完成，因此谨慎地根据距离来控制泊车车速以及及时进行制动就成为顺利完成一次安全泊车的关键。

本书讲解的全自动泊车辅助系统应用于小鹏 G3。在 2018 年小鹏 G3 发布了"全场景泊车"的特色功能，可适应垂直、侧方、斜方、特殊共四种场景，可满足大部分应用场景。小鹏 G3 全车配备了 20 个智能传感器，其自动泊车功能通过视觉 + 雷达协同实现，既可以识别划线的停车位，又可以识别两车之间没有线的停车位。其系统示意图如图 5 - 53 所示。

图 5 -52　哈弗 H6 的半自动泊车辅助系统示意图　　图 5 -53　小鹏 G3 的全自动泊车系统示意图

小鹏 G3 在研发全自动泊车系统过程中，搭建了包含不同停车场景的 400 个停车位的专门测试场景，包含是否有立柱、墙体、挡车器、地锁等多种场景。小鹏 G3 通过外后视镜侧面的摄像头可以进行车位线的识别，包括字符的识别，可以检测该车位是否有专用的车位编码，可识别出是否是专用车位或私人车位等信息。使用后摄像头可在驾驶员倒车入库的时候检测车位上是否有地锁或者挡车器，如果存在地锁或挡车器，则小鹏 G3 会判定为不可入库。小鹏 G3 还采用了一个高精度惯性测量单元，在自动泊车的过程中可精准控制整个车辆的行车轨迹，记住已经存在的空车位并可将该记忆车位进行系统还原。如果当前车位过窄，停车后不方便下车，可通过钥匙泊车的方式进行泊车入位，在车内设置好自动泊车功能，找到车位后挂入 P 位，然后便可以下车通过钥匙进行自动泊车，长按 5s 自动泊车按键激活自动泊车功能，最后双击解锁键便可以让车辆开始自动泊车。小鹏 G3 的自动泊车系统是一套不断学习的操作系统，可根据后期的 OTA 对全自动泊车系统进行升级更新。

十、驾驶员注意力提示系统

1. 驾驶员注意力提示系统的定义

驾驶员注意力提示系统（Driver Attention Warning，DAW）又称驾驶员注意力监测，可实时监测驾驶员状态并在确认其注意力分散时发出提示信息。它可通过安装在车上的多种传感器监测驾驶员的当前状态，根据当前驾驶员的状态进行判断，对驾驶员进行警告及提醒。该系统的提示图标如图 5 - 54 所示。

图 5 -54　驾驶员注意力提示系统的提示图标

2. 驾驶员注意力提示系统的组成

驾驶员注意力提示系统主要由信息采集单元、电子控制单元和报警单元组成，如图 5 - 55 所示。

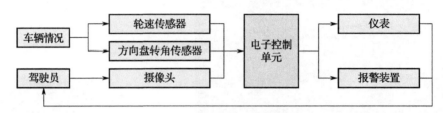

图 5 - 55　驾驶员注意力提示系统的结构组成

(1) 信息采集单元

信息采集单元主要由摄像头、方向盘转角传感器、轮速传感器等组成，通过摄像头采集驾驶员的特征信息，对当前驾驶员的状态进行判断；方向盘转角传感器和轮速传感器可以将车辆当前的相关行驶信息发送给电子控制单元进行判断。

(2) 电子控制单元

电子控制单元主要是 ECU 模块，该单元接收信息采集单元的相关数据并进行计算分析，如果判断驾驶员有疲劳驾驶或注意力不集中的情况，则向报警单元发送信号。

(3) 报警单元

报警单元主要由仪表和报警装置组成，该单元的主要作用是利用声光报警来提醒驾驶员。在报警时，仪表上会显示提醒驾驶员疲劳驾驶的图标，声光报警装置会发出提示音来提醒驾驶员。

3. 驾驶员注意力提示系统的原理

疲劳检测方法主要包括根据驾驶员自身情况的检测方法、根据汽车行驶状态的检测方法和多信息融合的检测方法。

1）根据驾驶员生理特征的检测方法：驾驶员在处于疲劳状态下时，部分生理状态都会偏离正常指标，可以根据生理传感器的信息来判断是否疲劳，如脑电信号检测、心电信号检测、肌电信号检测、脉搏信号检测和呼吸信号检测。这种方法的准确度高，但会影响驾驶员操作，并会受到其他因素影响，因此局限性较大。

2）根据驾驶员生理反应的检测方法：一般利用非接触式检测，检测驾驶员的面部反应特征，从而判断是否处于疲劳状态，如眼睛特征检测、视线方向检测、嘴部状态检测、头部位置检测。这种方法的优点是特征明显，缺点是算法复杂且个体因素影响大。

3）根据汽车行驶状态的检测方法：根据行驶状态的检测方法不是检测驾驶员的状态，

而是根据汽车的行驶状态间接判断驾驶员是否处于疲劳状态，主要利用摄像头和车辆传感器来判断，包括基于方向盘的检测、汽车行驶速度检测、车道偏离检测。这种检测方法的优点是非接触式检测，实现度高，缺点是易受到具体车型的影响，准确度不高。

4）根据多信息融合的检测方法：利用信息融合技术，将上述方法的信息相结合，大大减小单一检测方法带来的弊端。这种方法的提出，使得疲劳检测准确、便捷、实时、可靠，是汽车疲劳检测研究的发展方向。

4. 驾驶员注意力提示系统的应用

本书介绍的驾驶员注意力提示系统是 2017 款奔驰 S 级搭载的注意力辅助系统，该系统在 60～200km/h 的速度范围内可以使用，奔驰的注意力辅助系统由多种传感器组合进行感知，主要包括雨量/光线传感器、加速度传感器、ESP 控制单元、仪表和转向模块。其中雨量/光线传感器安装在内部后视镜的风窗玻璃内侧，用来监测环境光线强度和风窗玻璃的潮湿度，根据这些信息对当前的天气状况和光线强度进行判断；加速度传感器位于车辆左侧底部的位置，可测量纵轴方向的转动速度并且相关信息通过 CAN 总线传输给 ESP 控制单元；转向模块可以收集当前各个状态以及转向角的信号来评估驾驶行为，通过 Flex E 网络传输给 ESP 控制单元，ESP 单元是注意力提示系统的主控单元，该单元通过收集 CAN 总线网络中的关联数据以及横摆率、横向及纵向加速度对驾驶员的疲劳程度进行评估，并将评估后的数据传输给仪表，通过仪表给驾驶员进行声光报警。

当驾驶员长时间行车而进入疲劳状态时，系统通过收集来自转向器的信号、驾驶舱管理系统、雨量/光线传感器信号及车身加速度等信号，综合评估驾驶员的疲劳情况，然后通过仪表中的注意力级别条形或咖啡杯图像和发出声音来警示驾驶员。

注意力辅助功能可以在仪表的"辅助"（Assist）菜单中选择启用或关闭，并且驾驶员可以选择三种工作模式，分别为"标准"（Standard）、"敏感"（Sensitive）和"关闭"（OFF）。

"敏感"模式比"标准"模式可以更快地发出警告信息，但是两种模式都不会显示咖啡杯的图标，"关闭"模式下警告输出受到抑制，会显示咖啡杯的图标，如图 5 - 56 所示。

图 5 - 56　"关闭"模式咖啡杯图标

在"敏感"和"标准"两种模式下，如果驾驶员疲劳驾驶程度增加或在较长驾驶距离的情况下，注意力等级会逐渐减少并变色（分别为绿色、黄色、红色），当超过警告阈值（仅显示一个红色条）时，仪表盘中会出现警告信息"注意力辅助系统：请休息！"并显示自上次休息以来的行驶时间，并且通过仪表盘扬声器发出声音警告（图 5 - 57）。此时可使用方向盘上的 OK 按钮，确认警告信息。经过 15min

后，会重复发出警告信息。

目前奔驰已经投入研发新一代基于驾驶员面部特征的注意力辅助系统，该系统可以通过分析驾驶员的面部特征来综合判断驾驶员是否处于疲劳驾驶状态。该系统的示意图如图5-58所示。

图5-57　注意力辅助系统注意力等级

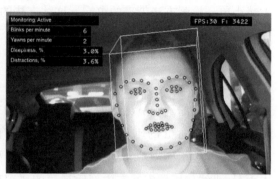

图5-58　新一代驾驶员注意力辅助系统示意图

十一、后方交通穿行提示系统

1. 后方交通穿行提示系统的定义

后方交通穿行提示系统（Rear Cross Traffic Alert，RCTA）在车辆倒车时，可通过安装在车上的多种传感器监测车辆后部横向接近的其他道路元素，在可能发生碰撞危险时发出报警提示信息或直接介入车辆控制。该系统的示意图如图5-59所示。

图5-59　后方交通穿行提示系统的示意图

2. 后方交通穿行提示系统的组成及原理

后方交通穿行提示系统主要由信息采集单元、电子控制单元和执行单元组成，其结构如图5-60所示。

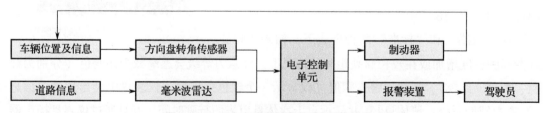

图5-60　后方交通穿行提示系统的结构组成

（1）信息采集单元

信息采集单元主要由毫米波雷达、方向盘转角传感器等组成。毫米波雷达负责采集车辆后方的相关道路情况，方向盘转角传感器可以采集车辆的当前转角信息，将上述信息发送给电子控制单元进行判断。

（2）电子控制单元

电子控制单元主要是 ECU 模块，该单元接收信息采集单元的相关数据并进行计算分析，如果判断后方存在碰撞风险或即将发生碰撞，则向执行单元发送信号。

（3）执行单元

执行单元主要由报警装置、制动器组成，该单元的主要作用是执行电子控制单元的指令，利用声光报警装置来提醒驾驶员，在紧急情况时会通过制动器对车辆进行紧急制动。

3. 后方交通穿行提示系统的应用

本书介绍的交通穿行提示系统是起亚凯酷车型的后方交叉交通安全辅助系统（Rear Cross-Traffic Collision-Avoidance Assist，RCCA），该系统在倒车时自动启动。凯酷的后方交叉交通安全辅助系统由安装在车辆后侧的毫米波雷达进行感测，该雷达为 24GHz 短距离毫米波雷达，可探测约 25m×6m 的范围。该系统的示意图如图 5-61 所示。

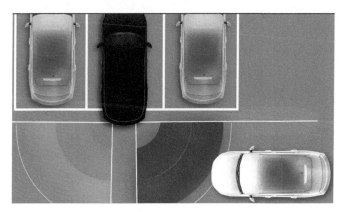

图 5-61　凯酷后方交叉交通安全辅助系统示意图

凯酷的后方交叉交通安全辅助系统的控制逻辑如下：

1）如果车辆在倒车出库时感测到侧后方盲区有逐渐靠近的机动车辆或自行车时，系统会向驾驶员发出警告信息提醒驾驶员；如果驾驶员仍然倒车且盲区车辆距离较近，此时系统将强制制动，防止发生碰撞。

2）如果车辆倒车出库时感测到侧后方盲区内突然出现机动车辆或自行车，系统会同时发出警告信息并进行紧急制动，防止发生碰撞。紧急制动信息的仪表显示如图 5-62 所示。

图5-62　紧急制动信息的仪表显示

十二、基于导航的自适应巡航系统

1. 基于导航的自适应巡航系统的定义

基于导航的自适应巡航系统（Navigation-based Smart Cruise Control，NSCC）是指车辆在高速行驶过程中，在使用自适应巡航控制系统行车时，结合地图信息，在有测速区间时，提前减速到限制速度值行驶以防止车辆超速，确保安全。该系统的示意图如图5-63所示。

图5-63　基于导航的自适应巡航系统示意图

2. 基于导航的自适应巡航系统的组成及原理

基于导航的自适应巡航系统主要由自适应巡航控制单元、导航单元、执行单元构成，其结构组成如图5-64所示。

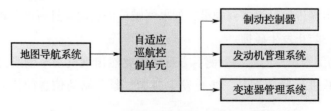

图5-64　基于导航的自适应巡航系统的结构组成

（1）导航单元

导航单元通过接收来自地图导航系统的信息，将相关信息发送给自适应巡航控制单元。

（2）自适应巡航控制单元

自适应巡航控制单元主要由自适应巡航系统组成，自适应巡航系统通过摄像头和毫米波雷达等传感器感知汽车前方的道路环境，如果检测到行驶车道的前方存在同向行驶车辆，控制单元将计算本车与前车的距离以及相对速度等其他信息对车辆进行加速、减速或制动控制，保证本车与前车处于安全距离以内。同时，自适应巡航控制单元接收来自导航单元的限速、道路情况等综合信息，对相关信息进行综合判断后发送给执行单元。

（3）执行单元

执行单元主要由制动控制器、发动机管理系统、变速器管理系统组成。执行单元获得自适应巡航控制单元计算的数据及指令后，对车辆进行控制。当检测到限速路段时，如果当前车速高于限制速度，则制动控制器和发动机控制系统会对车速进行限制，使其保持在限定速度下行驶；如果离开限速区间路段，则发动机管理系统会根据当前路段限速控制车辆加速到限制速度。变速器管理系统和发动机管理系统进行配合使用，控制车辆发动机在不同转速下的换档操作。

3. 基于导航的自适应巡航系统的应用

本书介绍的应用基于导航的自适应巡航系统的车型是起亚凯酷，该系统目前只能在高速公路工况下使用，系统需将凯酷车型自带的车载导航和自适应巡航系统配合使用。该系统的示意图如图 5 - 65 所示。

凯酷配备的基于导航的自适应巡航系统的开关位于车载系统的设置功能中，可选择开启或关闭该功能。当凯酷在高速公路上开启该功能后，仪表盘上会显示 AUTO 图标，表示系统已经正常运行。该系统分为两种模式，一种是 NSCC-Z（Navigation-based Smart Cruise Control-Zone），另外一种是 NSCC-C（Navigation-based Smart Cruise Control-Curve），两种模式的区别主要体现在启动区间和控制内容上。

图 5 - 65　凯酷基于导航的自适应巡航系统的示意图

（1）启动区间

NSCC-Z 的启动区间是安全区间，主要应用于限速路段；NSCC - C 的启动区间是安全区间，主要应用于曲线道路。

（2）控制内容

NSCC‑Z 的主要控制目的是以安全速度减速控制车辆；NSCC‑C 的主要控制目的是以曲率最优速度减速控制车辆。

例如，在限速 100km/h 的直线道路上，此时系统会切换至 NSCC‑Z 模式，保证车辆以安全的速度通过限速路段。

如图 5‑66 所示，如果车辆行驶在曲率较大的弯道时，此时系统会切换至 NSCC‑C 模式，控制单元会根据不同的曲率计算通过该弯道的最佳速度，来保证车辆行驶的安全性。图 5‑66 中车辆以 100km/h 的速度以自适应巡航模式（图中为 SCC）进入弯道，需经过一个半径为 460m 的部分弯道。车辆在 15s 的时间从 100km/h 的巡航速度降至 80km/h 的巡航速度过弯，出弯之后又加速至 100km/h，继续以巡航模式工作。在整个驾驶过程中，该系统可以保证驾驶的安全性以及车上乘坐人员的舒适性。

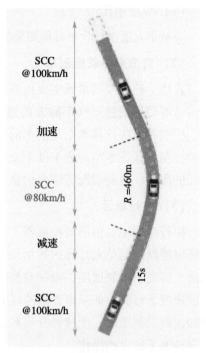

图 5‑66　凯酷基于导航的自适应巡航系统的 NSCC‑C 工况模式示意图

一、名词解释

1. 先进驾驶辅助系统
2. 前向碰撞预警
3. 自适应巡航控制
4. 车道偏离预警系统
5. 车道保持辅助系统

二、简答题

1. 车道跟随辅助系统的原理是什么？
2. 车辆盲区监测系统由什么组成？
3. 车辆自适应前照明系统的原理是什么？
4. 智能泊车辅助系统的原理及工作流程是什么？
5. 后方交通穿行提示系统的组成及原理是什么？

第六章
智能网联汽车环境感知技术原理与应用

环境感知技术是智能网联汽车的关键技术，它通过安装在车辆上的传感器完成对道路、行人、车辆、交通标志、信号灯等因素进行识别。

一、道路识别技术

道路识别技术是智能网联汽车视觉导航研究的重要问题，道路识别技术的任务主要包括：提取车道的几何结构、确定车辆在车道中的位置及方向、确定车辆可行驶的区域。根据道路结构的特点，道路也可分为结构化道路和非结构化道路。

1. 结构化道路

（1）结构化道路的定义

结构化道路是指具有明显的车道标识线或边界，几何特征明显，车道宽度基本上保持不变的道路，例如城市道路、高速公路等。结构化道路检测一般依据车道线的边界或车道线的灰度与道路明显不同实现检测。结构化道路检测方法对道路模型有较强的依赖性，且对噪声、阴影、遮挡等环境变化敏感。结构化道路的示意图如图6-1所示。

图6-1　结构化道路示意图

（2）结构化道路直道检测方法

结构化道路在设计过程中都有严格的行业标准，道路轮廓比较规则，不同区域的道路划分的非常清晰。例如，法规规定最高车速为 120km/h 的道路的极限转弯半径为 650m，较低车速的转弯半径为 1000m。在结构化道路的检测过程中，车辆视觉传感器视野中的道路曲率变化很小，可以用近似直线的方法对车道线进行拟合。

在检测过程中，车辆一般通过道路分割、边缘检测、边缘提取等方法完成道路检测。其中道路分割的主要目的是将视觉传感器视野内检测区域分为道路区域和非道路区域，并着重对道路区域进行处理。边缘检测主要包括图像预处理、边缘提取和二值化，通过多种滤波方式消除图像中的噪声后进行边缘增强。边缘提取常用的检测方法包括 Sobel、Canny、Laplacian 算子。

（3）结构化道路直道检测的过程

智能网联汽车在进行结构化道路检测主要包括以下几个流程：

1）图像灰度处理。车载摄像头采集的图像一般为彩色图像，在进行结构化道路直道检测时需要首先将彩色图像转换为灰度图像，将三维颜色空间变化为一维颜色空间进行图像处理，一般使用加权算法进行灰度处理。图像灰度处理的结果如图 6-2 所示。

2）高斯模糊。使用高斯模糊算法（正态分布平滑算法），可使上一步得到的图像更为平滑。通过应用轻微的高斯模糊，可以从图像中去除噪声。在工程应用中，高斯模糊算法使用的数学原理是非常基本的算法：一个模糊只需要更多的像素平均，即内核卷积过程。首先，选择照片中的像素并确定像素值，并找

图 6-2　图像灰度处理结果

到所选像素的相邻区域的值，选择原始像素和相邻像素的值，并通过某些加权算法将它们进行平均。随后用输出的平均值替换原始像素的值并对所有像素执行此操作。对于一个位置(m, n)的像素点，其灰度值为$f(m, n)$。其表达式如下：

$$g_\sigma(m,n) = \frac{1}{\sigma\sqrt{2\pi}} e^{-\frac{m^2+n^2}{2\sigma^2}} \cdot f(m,n) \qquad (6-1)$$

用一个高斯矩阵乘以每一个像素点及其邻域，取其带权重的平均值作为最后的灰度值。对于工程应用中使用的高斯模糊，仅仅使用高斯分布（正态分布曲线）来确定上面步骤中的权重。这意味着一个像素越接近所选择的像素，其权重就越大。这个过程并不想让图像模糊太多，模糊结果只要足够从照片中删除一些噪声即可。

3）Canny 边缘检测。通过上述两步，可以得到一个灰色且高斯模糊后的图像，Canny 边缘检测可以检测所有边缘线。

在工程应用中，Canny 边缘检测过滤器使用数学算法来找到边缘，在图像进行边缘检测的过程中，用梯度来表示灰度值的变化程度和方向。综合梯度可以通过式（6-2）和式（6-3）计算梯度值和梯度方向：

$$G(m, n) = \sqrt{g_x(m, n)^2 + g_y(m, n)^2} \tag{6-2}$$

$$\theta = \arctan \frac{g_y(m, n)}{g_x(m, n)} \tag{6-3}$$

选择照片中的像素点并识别所选像素元左侧和右侧的像素元组的值，计算两组之间的差异。将所选像素的值进行加权计算得到差值，并对所有像素执行此操作。例如，某像素信息为（左像素，所选像素，右像素）=（133，134，155）。计算右和左像素之间的差值为 22，则所选像素的新值设置为 22。如果所选择的像素是边缘，则左和右像素之间的差值将较大（更接近 255），因此在输出图像中将显示为白色。如果所选择的像素不是边缘，差值将接近 0，则显示为黑色。

上述方法为垂直方向的边缘搜寻，还需要继续比较所选像素的上下相邻的像素，以便在水平方向上找到车道边缘。可通过将垂直和水平梯度中各自的权重加总的计算方法找到重要的边缘。可简单设置两个阈值：高阈值和低阈值。假设高阈值为 190，低阈值为 140。对于任何具有大于 190 的高阈值的总梯度，该像素被认为是边缘，并识别为纯白色（255）。对于任何具有小于 140 的低阈值的总梯度，该像素被认为不是边缘，并识别为纯黑色（0）。对于阈值为 140 到 190 之间的任何梯度，只有当它直接接触已经被计数为边缘的另一个像素时，该像素才被算作边缘。图像 Canny 边缘检测结果如图 6-3 所示。

4）霍夫变换。霍夫变换（Hough Transform）于 1962 年由 Paul Hough 首次提出，后于 1972 年由 Richard Duda 和 Peter Hart 推广使用，是图像处理领域内从图像中检测几何形状的基本方法之一。经典霍夫变换用来检测图像中的直线，后来霍夫变换经过扩展可以进行任意形状物体的识别，例如圆和椭圆。

假设直车道线是一个线性方程式 $y = kx + b$，其中 k 和 b 分别表示斜率和截距。从本质上讲，k 和 b 确定的二维空间代表了所有线性组合，可能会为车道线产生最适合的线。对于每对 (k, b)，可以确定 $y = kx + b$ 形式的特定方程。在采集的图像中可搜索这一条线的所有像素，像素如果是白色（即为边缘的一部分），则投票标记为"是"；如果为黑色，则投票标记为"否"。获得最多投票的坐标被确定为两条车道线。霍夫变换结果如图 6-4 所示。

图6-3　Canny边缘检测结果

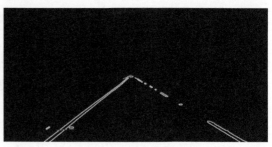

图6-4　霍夫变换结果

对于以上算法原理，为了便于读者理解在此进行了简单说明，真实开发过程中需要考虑的因素较多，还包括感兴趣的区域（Region of Interest，ROI）提取等因素，并且需要进行前向仿真 – 硬件在环 – 实车测试等多种方式进行数据标定和算法完善。最终结构化道路直道检测的结果如图 6 – 5 所示。

图6-5　结构化道路直道检测结果

（4）结构化道路的弯道检测

在结构化道路中，弯道也是一种常见的道路模型。弯道道路与直道检测的区别在于，弯道检测不仅需要识别出道路边界，还需要判断道路弯曲的方向及其曲率半径。常用的弯道检测的方法主要分为两种，一种是基于道路特征的方法，一种是基于道路模型的方法。基于道路特征的方法需要在道路上进行标记且道路条件完整的条件下才具有较好的检测效果，而基于道路模型的方法具有更好的适应性。基于道路模型检测方法主要分为三个步骤，分别为建立弯道模型、提取车道线像素点和车道线拟合。

1）建立弯道模型。在工程应用中，经常使用的弯道模型主要有回旋曲线模型、样条曲线模型和三次曲线模型。我国的公路工程技术标准中主要使用的是回旋线型回旋线，其方程可表示为：

$$R \cdot L = \kappa^2 \qquad (6-4)$$

式中，R 是回旋线上某点的曲率半径；L 是回旋线上某点到原点的曲线长；κ 是回旋线参数。

在工程应用中，由于式（6-4）不宜计算，可使用式（6-5）的近似回旋线方程进行计算。

$$y = \frac{\dot{\rho}_0}{6} \cdot x^3 + \frac{\rho_0}{2} \cdot x^2 + \tan\varphi \cdot x + y_0 \qquad (6-5)$$

式中，ρ_0 是原点处的曲率；$\dot{\rho}_0$ 是原点处的曲率变化率；φ 是车辆前进方向与螺旋线的夹角；y_0 是横向偏移距离。

2）提取车道线像素点。结构化弯道提取车道线像素点的目的是检测边缘并且为车道线拟合做准备，其检测流程与结构化直线道路的识别流程基本一致。在像素点提取方法方面，主要有模板匹配、像素扫描和自适应随机霍夫变换等方法。模板匹配方法主要是根据车道线可能的方向和位置建立模板库，将处理后的弯道图像和预定义车道线模板进行匹配，不同的模板代表着不同的弯道类型及状态，通过搜索算法匹配最佳的模板，该模板中的数据就代表了车辆采集图像中的大部分特征。像素扫描是当前工程应用中较为广泛的一种方法，在车辆采集处理后的图像中按照某一固定步长进行方向扫描，当搜索到目标像素点时，按照预先设定的判断算法进行判断，确定该像素点是否是真正的车道线像素点。自适应随机霍夫变换是霍夫变换算法的一种变式，该算法具有多种优势，也是从图像中提取曲线的一种较为常用的方法。

3）车道线拟合。车道线拟合主要根据检测到的车道线像素点来确定弯道数学模型的最优参数，主要使用的拟合方法包括直接拟合法、似然函数法和随机霍夫变换法。

直接拟合法主要包括最小二乘法、插值法、B - 样条函数和分段拟合的方法等。最小二乘法是一种比较简单且常用的线性拟合方法，该方法通过计算样本像素和拟合曲线的偏差累计值并使其最小化来求得曲线模型的参数。其优点是拟合速度非常快，整个模型数据遍历一遍即可求出拟合曲线的参数。

似然函数法根据弯道模型以及投影模型建立弯道形状参数集合，描述了在道路图像中弯道边缘所有的形式，通过定义似然函数使该函数的数值正比于图像中像素数据与特定弯道参数集合的匹配程度，通过求解这个似然函数的极大值来确定最优化的形状参数，从而进一步检测出弯道。

随机霍夫变换是霍夫变换算法的一种改进，该方法和传统的霍夫变换不同，在检测到的弯道像素样本中随机获取边缘图像的前景点，并将该前景点映射到极坐标系中，当极坐标系里面有交点达到最小霍夫投票数，将该点对应 $x-y$ 坐标系的直线 L 找出来。搜索弯道边缘图像上前景点，把检测边缘上的点连成线段，然后这些点全部删除，并且记录该线段的参数（起始点和终止点）。该方法相比于传统的霍夫变换，由于其不需要遍历所有像素，运算量较小，可以节省处理器的算力。

对于以上算法原理，为了便于读者理解在此进行了简单说明，实际应用中往往需要多种模型组合来进行综合判断。例如，某些公司使用模板匹配及道路图像纹理特征结合的方法进行弯道检测，某些公司使用霍夫变换配合极大检测并进行二维重建的方法进行判断，提高识别准确率和识别速度是现在弯道检测的重要任务。结构化道路弯道检测结果如图 6 - 6 所示。

2. 非结构化道路

（1）非结构化道路的定义

非结构化道路一般是指城市非主干道、乡村街道等结构化程度较低的道路，这类道路没有车道线和清晰的道路边界，再加上受阴影和水迹等的影响，道路区域和非道路区域难以区分。多变的道路类型，复杂的环境背景，以及阴影、水迹和变化的天气等都是非结构化道路检测所面临的困难，也是当前道路识别技术的主要研究方向。非结构化道路的示意图如图 6-7 所示。

图6-6　结构化道路弯道检测结果

图6-7　非结构化道路的示意图

（2）非结构化道路的检测方法

非结构化道路的检测方法目前主要有以下几种：

1）道路模型法。部分非结构化道路依然具有一定程度的固定结构，通过合理构造相对规则的边缘，近似得到特征明显的道路模型。该种方法优势在于对阴影等干扰不敏感，但只适用于部分非结构化道路，无法适用于边缘不明显的完全非结构化道路。部分研究人员提出了一种基于三次样条曲线模型和分块子区生长模型（CSCM_BSG）相结合的完全非结构化道路检测算法。该方法选取 HSV 模型，对色度（H）和饱和度（S）进行三次样条插值，将图像分割并映射到伪彩色空间，利用主、辅色色调、种类和纹理完成特征提取。这种算法只对子区进行一次扫描，避免了反复迭代，能有效屏蔽阴影、水迹等干扰，提升了道路匹配率和实时性。

2）光流法。图像特征匹配时产生的相对位移会形成光流，光流法通过对光流的计算实现道路的辨别，其难点在于图像之间的特征匹配。光流法需要配合组合特征进行检测，这种方法结合了 SIFT 特征尺度和放射变换，具有良好的鲁棒性，并且得到的 Harri 角点特征分布均匀。首先将非道路区域设置为感兴趣区域（ROI），通过对 ROI 区域提取 SIFT - Harri 角点组合特征，判断 ROI 区域是否静止。该方法能够形成较清晰的光流，并能识别出可通行区域。

3）消失点检测法。非结构化道路特征不明显，从而不易被系统识别。因此，以容易识别的道路消失点作为道路约束条件的方法应运而生，通过消失点检测和道路模型假设，从环境中分割出非结构化道路区域。目前，消失点检测主要基于 Gabor 纹理的加权投票方法，可采用一尺度四方向的 Gabor 滤波器，对原图像的灰度图进行滤波，得到 4 个方向上的实部和虚部矩阵。计算 4 个纹理响应的方向并排序，通过置信度来筛选投票候选点，确定主方向并进行校正。这种检测方法受光照强度影响较小，在夜间有较好效果，但计算量过大，实时性差。

4）图像分割法。图像分割法根据人工设定的特征对图像进行分割，并进行处理，从而实现道路识别的目标。研究人员提出了一种基于特征模型的非结构化道路识别跟踪方法，该方法利用 LBP 纹理特征和颜色特征建立了 H－S－LBP 特征模型并进行反向投影，完成分割。同时利用卡尔曼滤波器对特征模型进行更新，交替执行反向投影和模型更新，从而完成对非结构化道路的跟踪。该方法鲁棒性、实时性较好，精度较高。

5）机器学习。虽然非结构化道路特征不明显，但周围环境中植物特征相对明显。根据非结构化道路的特点，可使用机器学习中的部分理论来解决道路检测问题，通过检测植被，完成可通行区域和不可通行区域的甄别。考虑到植被几何形状、边缘线等特征不明显，该方法采用颜色特征，选择图像像素相关性较小的模型，采用 SLIC 超像素分割方法标记原始样本，从而获得样本空间的稀疏表示（T）。运用支持向量机通过高斯核函数进行学习，使用学习得到的模型对图像进行分类。最后，将分类结果中置信度高于设定值的栅格窗标记为植被区，植被区外的图像即可检测为道路。

6）数据融合。视觉传感器能够采集图像信息，同时雷达传感器能够收集深度信息。基于上述特点，有学者通过结合两种传感器各自的特点，提出了一种非结构化道路的实时语义分割地图方法。该方法通过深度学习训练图片，用完成训练的模型对图片语义进行分割；同时，利用雷达获取与图片逐帧对应的点云数据，将点云数据和语义分割图相匹配、融合，得到 2.5D 分割地图；根据地图计算不同候选路径的损失，最终选择损失最小的路径作为当前路径。该方法能综合考虑图像纹理和深度信息，时效性、鲁棒性较好。

非结构化道路的检测结果如图 6－8 所示。

图6-8 非结构化道路的检测结果

二、行人检测技术

1. 基于视觉的行人检测技术

基于视觉的行人检测技术是目前的主要应用技术，本书介绍的方法是方向梯度直方图与支持向量机配合检测的方法。

方向梯度直方图（Histogram of oriented gradient，HOG）是应用在计算机视觉和图像处理领域，用于目标检测的特征描述器。这项技术是用来计算局部图像梯度的方向信息的统计值。这种方法跟边缘方向直方图（Edge Orientation Histograms，EOH）、尺度不变特征变换（Scale-Invariant Feature Transform Descriptors，SIFT）以及形状上下文方法（Shape contexts）有很多相似之处，但与它们的不同点是：HOG 描述器是在一个网格密集的大小统一的单元上计算，而且为了提高性能，还采用了重叠的局部对比度归一化技术。HOG特征结合 SVM 分类器已经被广泛应用于图像识别中，尤其在行人检测中获得了极大的成功。

HOG 特征的重要基础是图像梯度直方图，具体来说是梯度方向的分布图，在检测行人时更加关注图像上的形状和纹理。为了观察这些梯度的空间分布，需要把图像分成网格，并由此计算多个直方图。HOG 检测时，首先将图像分成小的连通区域（单元），然后采集细胞单元中各像素点的梯度的或边缘的方向直方图，最后把这些直方图组合起来就可以构成特征描述器。HOG 特征把局部直方图在图像的更大的范围内进行对比度归一化，进行这个归一化后，能对光照变化和阴影获得更好的效果。

HOG 特征提取算法的实现过程如下：

1）图像灰度化。

2）采用色彩归一化对输入图像进行颜色空间的归一化，目的是调节图像的对比度，降低图像局部的阴影和光照变化所造成的影响，同时可以抑制噪声的干扰。

3）计算图像每个像素的梯度（包括大小和方向），主要是为了捕获轮廓信息，同时进一步弱化光照的干扰。

4）构建直方图，将图像划分成小单元（例如：8×8 像素/单元）。

5）统计每个单元的梯度直方图，可形成每个单元的描述。

6）将每几个单元组成一个块（例如 3×3 个单元/块），一个块内所有单元的特征串联起来便得到该块的 HOG 特征描述。

7）将图像内的所有块的 HOG 特征描述串联起来就可以得到该图像的 HOG 特征描述，得到最终可供分类使用的特征向量。

支持向量机（Support Vector Machines，SVM）是一种二分类模型，它的基本模型是定义在特征空间上的间隔最大的线性分类器，间隔最大使它有别于感知机，SVM 还包括核技巧，这使它成为实质上的非线性分类器。SVM 的学习策略就是间隔最大化，可形式化为一个求解凸二次规划的问题，也等价于正则化的合页损失函数的最小化问题。SVM 的学习算法就是求解凸二次规划的最优化算法。实践表明，当特征空间的维度超过样本数量时，SVM 的效果是最好的。此外，SVM 占用内存很少，因为它只需要存放支持向量（而最近邻法等算法则需要将全部样本点存放在内存中）。构建分类器时，将 HOG 和 SVM 结合使用的效果很好，一个重要原因是 HOG 可以视为一个具有鲁棒性的高维描述子，能准确反映一个类别的本质特征。使用 HOG + SVM 进行行人识别的结果如图 6 - 9 所示。

图 6 - 9　使用 HOG + SVM 进行行人识别的结果图

2. 基于视觉和激光雷达融合的行人检测技术

基于视觉和激光雷达融合的行人检测技术是最近几年兴起的方案，目前有部分高新企业已经应用该技术。激光雷达可以获得行人在二维平面的位置及其他状态信息，可以对目标进行较为精准的状态估算。通过激光雷达和摄像头数据的融合进行综合判断，可以提高系统的检测性能及检测精度。基于激光雷达与摄像头融合的行人检测的步骤主要分为以下4 个步骤：

1）对激光雷达的数据进行处理，划分感兴趣的区域。
2）对摄像头检测的数据进行处理，利用基于图像的行人检测算法进行训练。
3）利用已经训练完成的分类器对感兴趣的区域内的行人进行检测。
4）对激光雷达和摄像头判断的数据进行综合判断。

激光雷达采集的数据可进行聚类和分类处理，可得到较为精确的感兴趣区域。利用已经完成的分类器对感兴趣的区域内的行人进行检测并进行综合判断，可以提高检测的速度和精度。

三、车辆检测技术

1. 基于视觉的车辆检测技术

基于视觉的车辆检测技术可分为基于车辆外观检测的方法和基于车辆运动的检测方法。基于车辆外观的检测方法从单帧图像中进行车辆检测，基于车辆运动的检测方法使用连续帧的图像进行车辆检测。早期由于计算机和显卡的处理速度较低，车辆检测使用图像对称性和边缘特征进行检测。随着计算机和显卡性能的提升，一些基于视觉的车辆检测技术也在逐渐发展。本书介绍的基于视觉的车辆检测技术为 YOLO。

近几年来，基于深度学习的目标检测算法取得了很大的突破。比较流行的算法可以分为两类，一类是基于候选区域的 R - CNN 系列算法，主要包括 R - CNN，Fast R - CNN，Faster R - CNN，该系列算法的特征是两段式设计，需要先使用启发式方法或者 CNN 网产生候选区域，然后再在候选区域上做分类与回归；另一类是 YOLO 一段式算法，其仅仅使用一个 CNN 网络直接预测不同目标的类别与位置。两段式算法准确度高，但是速度慢，一段式算法速度快，但是准确性要低一些。YOLO 最初于 2015 年的 CVPR 会议上由 Joseph Redmon 的论文《You Only Look Once：Unified，Real-Time Object Detection》提出，最初代的版本被命名为 YOLO V1；2016 年在论文《YOLO9000：Better，Faster，Stronger》中提出了 YOLO V2；2018 年在论文《YOLOv3：An Incremental Improvement》中提出了 YOLO V3；2020 年 YOLO V4 和 V5 相继诞生。

（1）YOLO 的基本原理

YOLO V1 使用回归的方法去做目标检测，执行速度快，可以实现非常高效的检测。YOLO V1 的基本思想是把一幅图片，首先重构为 448×448 大小（由于网络中使用了全连接层，所以图片的尺寸需固定大小输入到 CNN 中），然后将其划分成 S×S 个单元格，以每个格子所在位置和对应内容为基础来预测。

如图 6-10 所示，先将图片划分成 S×S（图中为 7×7）个栅格，每个栅格负责检测中心落在该栅格中的物体。每一个栅格预测 B（表示每个单元可以预测的边界框的数量本图是两个）个边界，以及这些边界的置信度，如果里面没有预测物体，得分为 0。YOLO 对每个边界有 5 个预测：x，y，w，h 和 confidence。坐标 x，y 代表了预测的边界的中心与栅格边界的相对值。坐标 w，h 代表了预测的边界的宽度、高度相对于整幅图像宽度、高度的比例。confidence 就是预测的边界和正确得分标记边界的 IOU 值（两个矩形交集的面积/两个矩形的并集面积，在 [0，1] 之间）。每一个栅格还要预测总标记类别的条件类别概率。YOLO 将检测模型化为回归问题，例如图 6-10 中，可以把图像编码为 [7×7×(2×5+20)] 的张量。

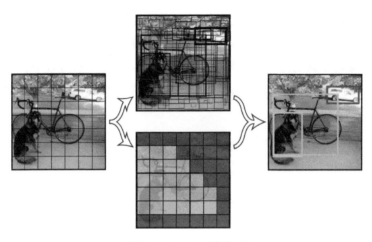

图6-10　YOLO算法原理

YOLO V1 的神经网络结构如图 6-11 所示。

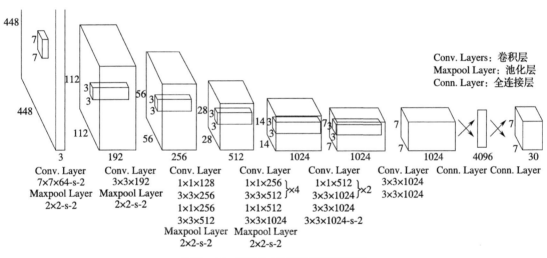

图6-11　YOLO V1 的神经网络结构

输入图像大小为 448×448，经过若干个卷积层与池化层，变为（7×7×1024）的张量，最后经过两层全连接层，输出张量维度为 7730，这就是 YOLO V1 的整个神经网络结构，和一般的卷积物体分类网络最大的不同就是：分类网络最后的全连接层，一般连接于一个一维向量，向量的不同位代表不同类别，而这里的输出向量是一个三维的张量（7×7×30）。YOLO 的 backbone 网络结构，受启发于 GoogLeNet，也是后来 YOLO V2 及 V3 中 Darknet 网络的先锋，没有使用 BN 层，只用了一层 Dropout。除了最后一层的输出使用了线性激活函数，其他层全部使用 Leaky ReLU 激活函数。

（2）使用 YOLO V3 进行车辆检测

YOLO V3 算法是一种基于深度学习理论的算法，该算法相比于上一代 YOLO 算法突破性地使用了残差模型和 FPN 架构。该算法可提取多个残差模型，使用 Darknet-53 模型，即利用53个卷积层进行卷积处理。同时使用3个尺度的特征图进行特征提取。相对于传统的卷积神经网络，YOLO的特征提取网络结构中没有池化层和全连接层，特征网络的尺寸变化是通过改变卷积核的移动步长来进行变化。在结构变化的过程中，为了加快图像处理的整体速度，对全局变量不进行池化，所有的张量在整个变化过程中总共变化5次。其算法架构如图6-12所示。

	类型 Type	滤波器 Filters	尺寸 Size	输出 Output
	Convolutional 卷积	32	3×3	256×256
	Convolutional	64	3×3/2	128×128
1×	Convolutional	32	1×1	
	Convolutional	64	3×3	
	Residual 残差			128×128
	Convolutional	128	3×3/2	64×64
2×	Convolutional	64	1×1	
	Convolutional	128	3×3	
	Residual			64×64
	Convolutional	256	3×3/2	32×32
8×	Convolutional	128	1×1	
	Convolutional	256	3×3	
	Residual			32×32
	Convolutional	512	3×3/2	16×16
8×	Convolutional	256	1×1	
	Convolutional	512	3×3	
	Residual			16×16
	Convolutional	1024	3×3/2	8×8
4×	Convolutional	512	1×1	
	Convolutional	1024	3×3	
	Residual			8×8
	Avgpool平均池化		Global全局	
	Connected连接		1000	
	Softmax多项逻辑斯特回归			

图6-12 YOLO V1的算法架构

使用YOLO V3进行目标检测的整体过程如下：

1）对输入的图像进行放缩预处理，随后在YOLO的CNN网络中进行处理，在该网络中CNN根据图像特征可将图片分割为固定尺寸的窗口网格，利用动态的滑窗间隔尺寸检测中心点在窗口网格内的目标情况。

2）根据边缘检测物体边界条件的坐标偏移量以及置信度算子进行得分估算，并且YOLO会在不同等级的情况下对估算结果进行等级划分及预测，根据预测的等级及分数对不同物体划出边界框。

3）在进行车辆目标检测过程中，检测目标的类别总共约为3类，使用YOLO算法计算的张量数量为$S \times S \times [3 \times (4 + 1 + 3)]$，张量数量中包括边界框坐标、目标检测数量以及分类种类数量。

车辆在进行正式试验之前需要根据训练集的数据进行标定，可以使用德国卡尔斯鲁厄理工学院提供的自动驾驶数据集 KITTI 进行训练，该训练集总共包含 7481 张训练图片。该数据集将所有训练图片按照 1:9 的比例分为测试集和训练集，并且对所有图片数据进行了详细分类，按照不同车型分为 8 个类别。由于 KITTI 的数据格式与 YOLO 的格式不相同，因此需要最终通过格式转换脚本代码将 KITTI 的数据集合转换为 YOLO 网络可识别的标签格式来进行处理。

在进行数据集训练以及测试之前，需要对模型进行参数初始化设计及标定。主要需要对 4 个参数进行设定，分别是初始学习率、数值权重衰减数值、迭代计算次数、模型动量参数。在对车辆模型训练的过程中，需要对设定的训练集合点动态调整学习率来减小模型的损失率，训练节点可标定为最大迭代次数的 90%。在训练集中为了提高检测精度，对输入的图像需要进行压缩以及动态处理，为提高系统的处理速率以及系统的检测精度，将每一帧图片压缩为 720P 分辨率，并在整个数据集的训练过程中对不同尺寸的输入图片进行随机选择并训练，通过以上方式可以提高训练模型的鲁棒性。

在进行模型训练试验过程中，需要对模型训练的损失函数（loss）和均值平均精度（mAp）值进行观测及分析。损失函数的数值越小，算法的学习效果越好，同时均值平均精度越高，目标检测的准确率和精确度越高。

YOLO V4 的车辆目标检测结果如图 6-13 所示。

图 6-13　YOLO V4 的车辆目标检测结果

2. 基于视觉和激光雷达融合的车辆检测技术

基于视觉和激光雷达融合的车辆检测技术是最近几年发展起来的技术。激光雷达能够快速扫描平面的距离信息，并获得障碍物在扫描平面中的外轮廓，并且不受光照条件等因素的影响。两种传感器可以实现功能上的互补，在检测过程中需要将车辆坐标、激光雷达坐标和摄像头坐标进行数据统一融合并转换到同一坐标系下进行处理。其检测过程如下：

1）激光雷达进行数据扫描，选择合适的聚类方法，对聚类后的数据进行处理，选择感兴趣的区域。

2）使用基于机器学习的检测方法或传统的车辆检测方法对感兴趣区域进行车辆检测，通过车辆在激光雷达中的数据特征进行卡尔曼状态跟踪。

3）检测完成后对特征参数进行特征融合，输出目标的属性参数，并对识别结果进行分析及判断。

由于当前激光雷达的价格较高，基于视觉和激光雷达融合的车辆检测技术目前只有部分厂商在使用，其检测准确度较高，是车辆目标检测的一种较为先进的技术。

四、交通信号灯识别技术

1. 交通信号灯的种类

在国内，交通信号灯的设置必须遵循国家标准 GB 14887—2011《道路交通信号灯》和 GB 14886—2016《道路交通信号灯设置与安装规范》。从颜色来看，交通信号灯的颜色有红色、黄色、绿色这三种颜色，而且三种颜色在交通信号灯中出现的位置都有一定的顺序关系。从功能来看，交通信号灯有机动车信号灯、闪光警告信号灯、道口信号灯、非机动车信号灯、左转非机动车信号灯、人行横道信号灯、车道信号灯、方向指示信号灯、掉头信号灯等。

2. 交通信号灯的识别方法

交通信号灯的检测与识别是无人驾驶与辅助驾驶必不可少的一部分，其识别精度直接关乎智能驾驶的安全。一般而言，在实际的道路场景中采集的交通信号灯图像具有复杂的背景，且感兴趣的信号灯区域只占很少的一部分。针对这些难点，国内外的众多研究者提出了相应的解决方案。总的来说，大多基于传统的图像处理方法，但目前也有用强学习能力的卷积神经网络去进行识别，但这类方法往往需要大量的训练样本避免过拟合的风险。截至目前的大多数方法都是在各种颜色空间中利用信号灯颜色的先验进行分割得到感兴趣区域，然后再通过信号灯所特有的形状特征和角点特征等进行进一步的判定。本书介绍的交通信号灯识别方法是基于颜色分割与特征匹配相结合的一种方法。

在进行信号灯检测时，主要分为以下三个步骤：

1）颜色分割。为了消除噪声、光照等因素的干扰，首先对采集的图像进行直方图均衡化。对每一个通道（R，G，B）数据进行直方图均衡化，再合并为一个 3 通道图像。颜色特征是交通信号灯重要而显著的特征之一。要对交通信号灯进行颜色分割，首先要选择合适的色彩空间。RGB 色彩空间中的 R、G、B 这 3 个分量之间相关性较高，受光照影响较大，不利于颜色分割。需要对信号灯进行归一化处理，随后统计不同环境条件下拍摄的交通信号灯的红色、绿色的（R，G，B）值，确定交通信号灯的颜色阈值。

2）感兴趣区域提取。该步骤的主要目的是对分割的红色通道图像和绿色通道图像进行联通区域的标定，并提取区域的基本几何特征，比如长度、宽度、长宽比、面积（白色像素个数）。

3）信号灯区域判定与识别。该步骤在前一步骤的基础上根据信号灯的特有特征过滤出真正的信号灯区域，主要包括信号灯面积、信号灯形状、信号灯的黑色边框。信号灯的面积在设置过程中，其判定阈值可以实际情况进行设定，过滤面积过大或过小区域；形状特征是交通信号灯的重要特征，对于圆形交通信号灯使用圆形度检测，通过设置检测阈值过滤圆形度过低的区域，其中圆形度是指候选区域边缘接近圆形的程度；交通信号灯在背景颜色上有较为显著的特征，它的灯板是一个黑色的矩形框。利用该特征可以使用 SVM 分类器进行特征提取进行识别。交通信号灯识别的示例如图 6 - 14 所示。

图 6 - 14 交通信号灯识别示例

五、交通标志识别技术

1. 交通标志的种类

在我国，交通信号灯的设置必须遵循国家标准 GB 5768.2—2009《道路交通标志》。该标准规定了交通标志主要分为主标志和辅助标志两大类，主标志又分为警告标志、禁令标志、指示标志、指路标志、旅游区标志、作业区标志、告示标志共 7 种。车辆行驶过程中最常见的交通标志主要有警告标志、禁令标志和指示标志。

（1）警告标志

警告标志主要用来警告车辆驾驶员、行人前方有危险。警告标志的特征一般为黄色底色、黑色边缘且内部图形为黑色，形状大多是正三角形。

（2）禁令标志

禁令标志主要用来禁止或限制车辆、行人的交通行为及相应解除。禁令标志的特征一般为白色底色、红色边缘、黑色的内部图像搭配红色的斜杠（解除速度限制和解除禁止超车除外），形状大多是圆形，特殊的标志使用正八边形和倒三角形。

（3）指示标志

指示标志主要用来指示车辆及行人的行进。指示标志的特征一般为蓝色底色、白色的内部图形，形状大多是圆形和矩形。

2. 交通标志的识别方法

交通标志的识别技术是智能网联汽车实现无人驾驶的一项重要技术。当前交通标志的检测方法主要有两种，一种是基于颜色特征和图形特征组合的识别技术，一种是基于深度学习的识别技术。现在已量产的车型大多使用颜色特征和图像特征组合的识别技术，其识别方法主要分为如下几步。

（1）图像预处理

首先通过图像均衡、图像增强和图像去噪等算法，将图像的光线均衡，突出关键信息。

（2）交通标志分割

预处理后的图像包含很多信息，交通标志在其中只有很小的一个区域，为了减小处理的数据量，加快处理速度，一般都会先将交通标志的区域检测出来，再去判断这个区域中的交通标志的具体含义。交通标志在颜色和形状上都有一定的特殊性，需要进行一定程度的分类。交通标志按颜色和形状分类示意图如图 6 - 15 所示。

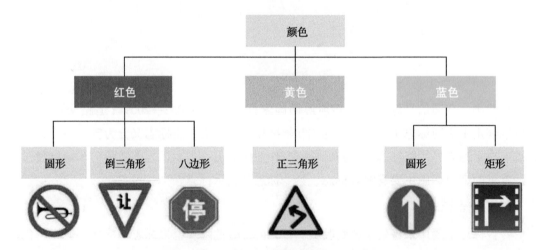

图 6 - 15　交通标志按颜色和形状分类示意图

颜色按照国际标准可划分为 RGB、HSV、HSI 等颜色空间，需要对颜色空间进行量化分析。以 RGB 空间为例，将颜色按照红色、绿色、蓝色三种颜色进行分割，通过给定交通标志牌中常用的色彩的色度坐标范围，即可过滤掉与之不相关的颜色信息，快速检测到交通标志牌。仅仅检测颜色显然又是不够的，由于光照、背景色的影响和干扰，还需要在颜色检测结果的基础上对相应区域进行形状检测。交通标志具有边缘清晰、形状简单易辨认的特点。这些特征在排除颜色影响后的灰度图像中更加明显，因此通过一定的边缘检测算子去判断图像像素中出现的灰度阶跃变化，一般就能较为准确地检测出交通标志的形状和轮廓特征。

（3）交通标志特征提取

图像的关键特征是识别具体信息的关键因素，特征的好坏直接决定了识别的准确度。一般来说，这些关键特征需要具有可区分性、简约性和抗干扰度等几个要素。可区分性即不同标志的特征要具有足够的差异性；简约性是在保证可区分性的前提下用尽量少的数据表示图像特征，这可以保证检测的速度和效率；抗干扰度即图像特征信息要保证尽量少地会被噪声、自然光和图像畸变影响。在交通标志识别上，一般会提取颜色特征、线条变化特征、矩特征、灰度直方图统计特征等，并会在事先维护一个足够样本数量的特征库，包含现有交通标志的图像特征信息。在识别的时候将采集到的图像的特征提取出来与数据库中的条件进行比对，即可判断出该交通标志的实际意义。

（4）识别结果匹配

目前有多种方法实现图像特征与特征库数据的比对，最为简单直接的方式是模板匹配法，即在特征库中将不同交通标志的特征参数规定为某些特定的参数，当所采集图像的特征参数在某个范围内，就判断是这个交通标志信息。在实际工程应用中，由于图像在采集的时候难免发生形状畸变、颜色失真等误差，用模板匹配来识别的成功率和准确度并不是特别高，即便优化了图像处理算法，也还有很多局限性。因此，需要使用其他方法配合使用模板匹配进行识别判断。以模板匹配法为基础的交通标志识别结果如图 6-16 所示。

图 6-16　以模板匹配法为基础的交通标志识别结果

近些年机器学习技术的发展，让图像识别也有了很大的变化，通过设定一些简单的判断条件，并在特征库中加入各种形态和场景下的学习样本，让系统不断加深交通标志识别的认知和识别概率。机器学习让识别不再依靠具体固定的参数，而是通过一系列的条件判断让系统找到概率最大的目标，以此提升识别的准确度和灵活性。这一技术在目前成为研究的热点，并有效提高了交通标志识别的准确率及识别速度。

 复习题

一、名词解释

1. 结构化道路

2. 非结构化道路

3. 方向梯度直方图

4. 支持向量机

5. 视觉传感器

二、简答题

1. 结构化道路直道检测方法包括那些流程？都起什么作用？

2. 非结构化道路的检测方法有哪些？

3. 方向梯度直方图特征提取流程是什么？

4. 基于视觉和激光雷达融合的行人检测技术主要分为几步？

5. 交通信号灯的识别一般有哪几步？

第七章
智能网联汽车定位导航
技术原理与应用

在智能网联汽车中，定位导航技术用来提供车辆的位置以及姿态等信息，是智能网联汽车实现无人驾驶的重要基础。智能网联汽车的定位需要获得汽车的航向数据以及位置数据，本书主要介绍两种技术：GPS/DR 组合定位技术、同步定位与建图技术。

一、GPS/DR 组合定位技术

1. GPS/DR 组合定位技术的系统构成

车辆航位推算（Dead Reckoning，DR）方法是一种常用的自主式车辆定位技术。相对于 GPS 系统，它不用发射接收信号，不受电磁波影响，机动灵活，只要车辆能到达的地方都能定位。但是由于这种定位方法的误差随时间推移而发散，所以只能在短时间内获得较高的精度，不宜长时间单独使用。DR 是利用车辆某一时刻的位置，根据航向和速度信息，推算得到当前时刻的位置，即根据实测的汽车行驶距离和航向计算其位置和行驶轨迹。它一般不受外界环境影响，所以单独工作时不能长时间保持高精度。为了弥补 DR 系统的短板，可以将 GPS 与 DR 进行组合使用。

GPS/DR 组合定位系统主要由 GPS 传感器、电子罗盘、里程计组成，其系统组成如图 7-1所示。GPS 负责检测智能网联汽车所在位置的绝对经度、纬度以及海拔，电子罗盘作为航向传感器感测智能网联汽车的航向，里程计可作为速度传感器测定汽车单位时间内行驶的里程。计算机负责采集各传感器的数据并进行航迹推算、GPS 坐标变化以及数据处理，并且通过数据融合算法估算出智能网联汽车的动态位置。

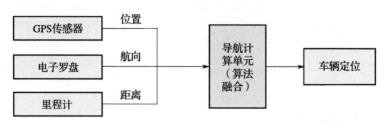

图 7-1 GPS/DR 组合定位系统组成

2. GPS/DR 组合定位技术的融合算法

要实现 GPS/DR 组合定位的关键在于如何将两者的数据融合以达到最优的定位效果。目前，关于 GPS/DR 组合的数据融合方法很多，最常见也是使用最广泛的就是卡尔曼滤波方法。将卡尔曼滤波应用于 GPS/DR 组合定位系统当中，就是将 GPS 和 DR 的定位信息综合用于定位求解，通过卡尔曼滤波来补偿修正 DR 系统的状态，同时滤波之后的输出又能够为 DR 系统提供较为准确的初始位置和航向角，从而能够获得比单独使用任意一种定位方法都更高的定位精度和稳定性。

卡尔曼滤波的具体建模过程如下：

1）确定系统的状态向量，其系统表达式如下：

$$X(k) = [d_e(k),\ d_n(k),\ v_e(k),\ v_n(k),\ e_e(k),\ e_n(k),\ \theta_c(k)] \tag{7-1}$$

式中，d_e 表示智能网联汽车的东向位移；d_n 表示智能网联汽车的北向位移；v_e 表示智能网联汽车的东向速度；v_n 表示智能网联汽车的北向速度；e_e 表示智能网联汽车的 GPS 模块的东向定位误差；e_n 表示智能网联汽车的 GPS 模块的北向定位误差；θ_c 表示智能网联汽车的 GPS 航迹与 DR 航迹的夹角。

2）确定系统的观测向量，其表达式如下：

$$Z(k) = [gx(k),\ gy(k),\ v_e(k),\ dx(k),\ dy(k)] \tag{7-2}$$

式中，gx 表示智能网联汽车的 GPS 信号坐标变换后的东向位移，其观测噪声为 nv_1；gy 表示智能网联汽车的 GPS 信号坐标变换后的北向位移，其观测噪声为 nv_2；dx 和 dy 分别是航迹推算得到的智能网联汽车在某一采样周期内的东向位移和北向位移，可由式（7-3）和式（7-4）表示。

$$dx(k) = d(k)\sin[\varphi(k)] \tag{7-3}$$

$$dy(k) = d(k)\cos[\varphi(k)] \tag{7-4}$$

式中，d 为智能网联汽车在一个采样周期内的实际位移；φ 表示罗盘输出的磁航向；dx 和

dy 的观测噪声分别为 nv_3 和 nv_4。

3）确定系统的噪声向量，其表达式如下：

$$W(k) = [0, 0, w_3(k), w_4(k), w_5(k), w_6(k), w_7(k)] \qquad (7-5)$$

式中，w_3 是噪声处理的东向加速度；w_4 是噪声处理的北向加速度；w_5 和 w_6 是 GPS 滤波器的激励白噪声；w_7 是引起 GPS 模块航迹和 DR 航迹间夹角 θ_c 缓慢变化的噪声。系统的各噪声分量均彼此互不相关，与各系统噪声对应的系统噪声协方差的表达式如下：

$$Q = \text{diag}(0, 0, q_3, q_4, q_5, q_6, q_7) \qquad (7-6)$$

系统的观测噪声向量表示观测向量的随机白噪声，可由下式表示：

$$V(k) = [nv_1(k), nv_2(k), nv_3(k), nv_4(k)] \qquad (7-7)$$

其中各观测噪声彼此互不相关，其协方差矩阵可由下式表示：

$$R = \text{diag}(r_1, r_2, r_3, r_4) \qquad (7-8)$$

4）确定系统的观测方程，其表达式如下：

$$
\begin{aligned}
gx(k) &= d_e(k) + e_e(k) + nv_1(k) \\
gy(k) &= d_n(k) + e_n(k) + nv_2(k) \\
dx(k) &= v_e(k) \cdot \cos[\theta_c(k)] - v_n(k) \cdot \sin[\theta_c(k)] \\
dy(k) &= v_e(k) \cdot \sin[\theta_c(k)] + v_n(k) \cdot \cos[\theta_c(k)]
\end{aligned}
\qquad (7-9)
$$

写成矩阵形式为：

$$
\begin{aligned}
X(k+1) &= AX(k) + W(k) \\
Z(k+1) &= CX(k) + V(k)
\end{aligned}
\qquad (7-10)
$$

式中，$A = \begin{bmatrix} 1 & 0 & T & 0 & 0 & 0 & 0 \\ 0 & 1 & 0 & T & 0 & 0 & 0 \\ 0 & 0 & 1 & 0 & 0 & 0 & 0 \\ 0 & 0 & 0 & 1 & 0 & 0 & 0 \\ 0 & 0 & 0 & 0 & a_e & 0 & 0 \\ 0 & 0 & 0 & 0 & 0 & a_n & 0 \\ 0 & 0 & 0 & 0 & 0 & 0 & 1 \end{bmatrix}$，$a_e$ 和 a_n 由对 GPS 模块误差信号进行 AR 谱估计得

到，T 是融合周期。

3. GPS/DR 组合定位技术的实现

利用卡尔曼滤波器实现 GPS/DR 组合定位主要有两种途径，分别为集中式卡尔曼滤波器和互补式卡尔曼滤波器，其系统示意图如图 7-2 所示。

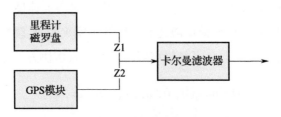

图 7-2　集中式卡尔曼滤波器系统示意图

集中式卡尔曼滤波器就是将各传感器的观测量输入到一个单独的数据融合模型中进行集中处理，理论上可以获得系统的最有估计，但是在实际应用中存在以下缺陷：

1）集中式卡尔曼滤波器需要系统对所有观测量进行集中处理，从而导致系统状态维数过高，系统承载的计算量过大。这将严重影响滤波器的动态性能以及实时性能。

2）对传感器数据进行集中处理也会导致滤波器的容错性能下降，如果其中一个传感器出现比较大的数据偏差，则滤波器中的其他状态也可能因为误差的传播造成数据紊乱，致使滤波器整体的估算精度和工作稳定性都严重下降。

互补式卡尔曼滤波器如图 7-3 所示，使用互补式卡尔曼滤波器可以避免或削弱集中式卡尔曼滤波器的缺陷。互补式卡尔曼滤波器使用一个主滤波器和一组局部滤波器来取代原有的单独的集中滤波器，同时滤波过程及数据处理过程也由两个阶段组成。首先，局部滤波器接收来自对应传感器的信息并进行局部滤波处理，产生局部最优的状态估计。随后各局部滤波器输出的局部状态估计送入主滤波器进行集中融合处理，产生最终的全局状态最优估计。在互补滤波过程中，由于不同传感器的数据被单独及并行处理，因而减少了计算量，计算效率得以大大提升。与此同时，局部滤波器的存在也使整个多传感器融合系统的容错能力有所提高。

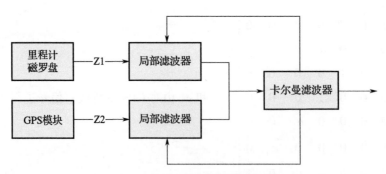

图 7-3　互补式卡尔曼滤波器系统示意图

互补式卡尔曼滤波器的主滤波器是基于误差状态建立的最优估计模块，多个局部滤波器状态估计的差值作为主滤波器的观测值。基于这些观测值，主滤波器输出误差状态的最优估计，然后将误差状态估计反馈到局部滤波器中并与其估计值进行叠加，最终输出计算状态。

二、同步定位与建图技术

1. 同步定位与建图技术概述

同步定位与建图技术（Simultaneous Localization and Mapping，SLAM）最早在机器人领域提出，它指的是机器人从未知环境的未知地点出发，在运动过程中通过重复观测到的环境特征定位自身位置和姿态，再根据自身位置构建周围环境的增量式地图，从而达到同时定位和地图构建的目的。由于 SLAM 的重要学术价值和应用价值，一直以来都被认为是实现全自主移动机器人的关键技术。

在智能网联汽车中，SLAM 技术指的是智能网联汽车在位置环境中从未知位置出发，在运动过程中通过环境信息，进行车体位置以及航向的确定，同时创建环境地图并对地图进行实时更新，或在已知环境中通过环境信息对车体位置和航向进行确定。

自从 20 世纪 80 年代 SLAM 概念的提出到现在，SLAM 技术已经发展了近 40 年。SLAM 系统使用的传感器在不断拓展，从早期的声呐，到后来的 2D/3D 激光雷达，再到单目、双目、RGBD、ToF 等各种相机，以及与惯性测量单元 IMU 等传感器的融合；SLAM 的算法也从开始的基于滤波器的方法（EKF、PF 等）向基于优化的方法转变，技术框架也从开始的单一线程向多线程演进。当前主要应用的 SLAM 技术主要由激光雷达 SLAM 技术和视觉 SLAM 技术。

（1）激光雷达 SLAM 技术

激光雷达的 SLAM（Lidar SLAM）采用 2D 或 3D 激光雷达，激光雷达的优点是测量精确，能够比较精准地提供角度和距离信息，可以达到低于 1° 精度以及厘米级别的测距精度，扫描范围广（通常能够覆盖平面内 270° 以上的范围），而且基于扫描振镜式的固态激光雷达可以达到较高的数据刷新率（20Hz 以上），基本满足了实时操作的需要；缺点是价格比较昂贵，安装部署对结构有要求。激光雷达 SLAM 建立的地图常常使用占据栅格地图（Occupancy Grid）表示，每个栅格以概率的形式表示被占据的概率，存储非常紧凑，特别适合于进行路径规划。激光雷达 SLAM 示意图如图 7 − 4 所示。

（2）视觉 SLAM 技术

相比于激光雷达，作为视觉 SLAM 传感器的相机更加便宜、轻便，图像可提供更加丰富的信息，特征区分度更高，但是图像信息的实时处理需要较高的计算能力。视觉 SLAM

使用的传感器目前主要有单目相机、双目相机、RGBD 相机三种，其中 RGBD 相机的深度信息有通过结构光原理计算的，也有通过投射红外并利用双目红外相机来计算的，还有通过 TOF 相机实现的。对用户来讲，这些类型的 RGBD 都可以输出 RGB 图像和 Depth 图像。

当前的视觉 SLAM 系统大致可以分为前端和后端。前端完成数据关联，相当于视觉里程计，其研究帧与帧之间变换关系，主要完成实时的姿态跟踪，对输入的图像进行处理，计算姿态变化，同时也进行检测并闭环处理，当有惯性测量单元信息时，也可以参与融合计算；后端主要对前端的输出结果进行优化，利用滤波理论（例如 EKF、PF 等）或者优化理论进行树或图的优化，得到最优的姿态估计和地图。视觉 SLAM 示意图如图 7 - 5 所示。

图 7 - 4　激光雷达 SLAM 示意图

图 7 - 5　视觉 SLAM 示意图

2. 同步定位与建图技术的应用

本书主要介绍的视觉 SLAM 技术是 ORB - SLAM。ORB - SLAM 是西班牙 Zaragoza 大学的 Raul Mur-Artal 编写的视觉 SLAM 算法，于 2017 年发表在《IEEE Transactions on Robotics》上。它是一个完整的 SLAM 系统，包括视觉里程计、跟踪、回环检测，是一种完全基于稀疏特征点的单目 SLAM 系统，同时还有单目、双目、RGBD 相机的接口。其核心是使用 ORB（Oriented FAST and BRIEF）作为整个视觉 SLAM 中的核心特征。ORB - SLAM 基于 PTAM 架构，增加了地图初始化和闭环检测的功能，优化了关键帧选取和地图构建的方法，在处理速度、追踪效果和地图精度上都取得了不错的效果。其优势主要有以下几点：

1）ORB - SLAM 选用了 ORB 特征，基于 ORB 描述量的特征匹配和重定位，比 PTAM 具有更好的视角不变性。此外，新增三维点的特征匹配效率更高，因此能更及时地扩展场景。扩展场景及时与否决定了后续帧是否能稳定跟踪。

2）ORB - SLAM 加入了循环回路的检测和闭合机制，以消除误差累积。系统采用与重定位相同的方法来检测回路（匹配回路两侧关键帧上的公共点），通过方位图优化来闭合回路。

3）PTAM 需要用户指定两帧来初始化系统，两帧间既要有足够的公共点，又要有足够的平移量。平移运动为这些公共点提供视差，只有足够的视差才能三角化出精确的三维位置。ORB－SLAM 通过检测视差来自动选择初始化的两帧。

4）PTAM 扩展场景时也要求新加入的关键帧提供足够的视差，导致场景往往难以扩展。ORB－SLAM 采用一种更具鲁棒性的关键帧和三维点的选择机制——先用宽松的判断条件尽可能及时地加入新的关键帧和三维点，以保证后续帧的鲁棒跟踪；再用严格的判断条件删除冗余的关键帧和不稳定的三维点，以保证 BA 的效率和精度。

ORB－SLAM 的系统架构如图 7－6 所示。

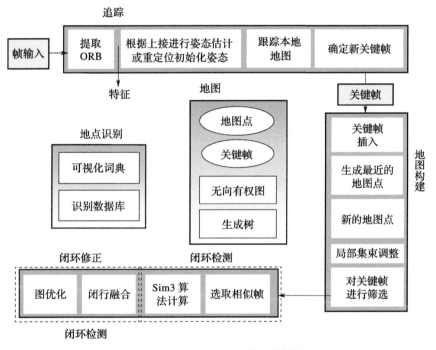

图 7－6　ORB－SLAM 的系统架构

ORB－SLAM 利用三个线程分别进行追踪、地图构建和闭环检测。

（1）追踪（TRACKING）

这一部分的主要工作是从图像中提取 ORB 特征，根据上一帧进行姿态估计，或者进行通过全局重定位初始化姿态，然后跟踪已经重建的局部地图，利用邻近的地图点寻找更多的特征匹配，优化姿态，再根据一些规则确定新关键帧。

（2）地图构建（LOCAL MAPPING）

这一部分主要完成局部地图构建，包括对关键帧的插入，验证最近生成的地图点并进行筛选，利用三角法生成新的地图点，进行局部集束调整（Local BA），最后再对插入的关键帧进行筛选，去除重复的关键帧。

（3）闭环检测（LOOP CLOSING）

这一部分主要完成建图后的检验，包括选取相似帧，利用 Sim3 算法计算相似变换，融合三维点并更新各种图，最后进行图优化并更新地图的所有点。

使用 ORB‑SLAM 技术进行定位及建图技术的实际结果如图 7‑7 所示。

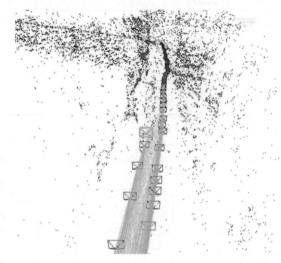

图 7‑7　使用 ORB‑SLAM 技术进行定位及建图技术的实际结果

一、名词解释

1. 车辆航位推算
2. 全球定位系统
3. GPS/DR 组合定位系统
4. 卡尔曼滤波
5. 同步定位与建图技术

二、简答题

1. GPS/DR 组合定位技术如何实现？
2. 集中式卡尔曼滤波器具有什么优缺点？
3. 互补式卡尔曼滤波器具有什么优点？
4. 激光雷达 SLAM 技术具有什么优缺点？
5. 视觉 SLAM 技术具有什么优缺点？

第八章
智能网联汽车路径规划技术原理与应用

08

一、智能网联汽车路径规划概述

汽车的自动驾驶系统主要由四部分或五部分组成，常见的五部分组成包括环境感知、定位、建图、决策规划以及控制执行。自动驾驶系统结构如图8-1所示。其中，环境感知包括激光雷达、毫米波雷达、超声波雷达、摄像头、陀螺仪以及高精度地图；定位需要GPS或北斗导航定位、IMU、速度传感器、加速度传感器以及利用卡尔曼滤波算法作为定位算法；建图方式包括Gmapping、Hector SLAM、Karto SLAM、Core SLAM、Lago SLAM；决策规划包括全局路径规划、局部路径规划、轨迹规划；控制执行需要控制传动机构、制动机构、转向机构等。

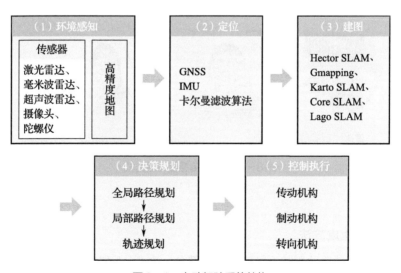

图8-1 自动驾驶系统结构

路径规划是自动驾驶系统中的关键一环，信息的获取离不开环境感知模块反馈回来的实时环境信息，同时根据控制模块实时反馈的车辆航向角、线速度及转度等控制量同步调整规划轨迹，使规划轨迹符合车辆运动要求，完成路径规划任务。

1. 环境感知

作为自动驾驶系统中最为基础的一层，环境感知为定位、建图、决策规划、控制执行提供了最为基础的车辆周围环境信息。

环境感知中的车载传感器通常由激光雷达、毫米波雷达、超声波雷达以及摄像头等设备构成。图 8-2 所示为 Uber 传感器布置方式，汽车顶部装载有一个激光雷达（LIDAR），汽车前、后部装载雷达（RADAR, front&back），车轮前后部各装载一个超声波雷达（Ultrasound, front & back），车辆前部、顶部分别装载前向摄像头（Forward Facing Cameras），车辆侧面装有侧向摄像头（Side Camera），车辆尾灯部位装有后向摄像头（Rear Camera），车辆左侧顶部装有侧向以及后向摄像头（Side and Rear Camera）。

摄像头价格低廉但是检测距离短，遇遮挡物后检测不准确，容易受强光影响；毫米波雷达可穿透雾烟，抗干扰能力强但成本较高；激光雷达测量距离远，却也容易受到不良天气影响且较毫米波雷达更为高昂。该车将几种传感器优势互补，根据各自特点安装于车辆指定位置，使探测范围不留死角，避免由于障碍物漏识导致的碰撞事故。

激光雷达
车辆前部摄像头　　侧向以及后向摄像头

雷达　　车辆前部摄像头　　　　侧向摄像头　　超声波雷达　后向摄像头

图 8-2　Uber 传感器布置方式

2. 建图

(1) 集成地图生成方法

集成地图的生成是自动驾驶不可缺少的一部分，表 8-1 列出了常见 ROS 中的 SLAM 算法，环境地图信息转变成为计算机语言可识别的信息，为路径规划提供必要的环境信息。

表 8-1　常见 ROS 中的 SLAM 算法

算法	优劣
Hector SLAM	该方法使用高精度传感器，而且不需要里程计，使用高斯牛顿（Gaussian-Newton equation）的扫描匹配算法，可应用于没有里程计的空中无人机和不平坦地面上里程计失效的小车
Gmapping	这是目前应用在激光 2D SLAM 用得最广的方法，Gmapping 采用的是 Rao-Blackwellized Particle Filters（RBPF）的方法，重采样过程中引入自适应采样减少了粒子耗散问题，权重更新的时候依靠运动和观测信息减少了不确定性
Karto SLAM	基于图优化的方法，常用于大环境下的地图创建，采用稀疏矩阵求解，ROS 中与扫描匹配和闭环检测相关
Core SLAM	它是为了更为简单和容易地理解性能损失最小化的一种 SLAM 算法。将算法简化为距离计算与地图更新的两个过程，第一步，计算距离时，基于粒子滤波每次用激光扫描数据与地图匹配，每个粒子代表自动驾驶车辆的可能位置及对应的权重比值；第二步，更新过程中线段匹配用于描述地图
Lago SLAM	线性近似图优化，不需要初始假设，优化器的方法可以有三种选择：Tree-based net ORK Optimizer（TORO），g2o，LAGO

（2）环境地图栅格化

对于一个完整的路径搜寻问题，应当是从一张自然拍摄的地图开始的，对于一张直观地图，首先我们以栅格化的方式读取它的灰度值，但灰度值会介于 0 ~ 255 之间，而我们希望得到的处理结果是将一张自然拍摄的地图用 0 和 1 表示出来，其中 0 表示可通行，1 表示不可通行。这一过程在各个领域上都已经成为一个问题，名为图像二值化，表 8-2 列出了几种主流的变换方式和操作过程。

表 8-2　几种图像二值化法

变换方式	操作过程
最大类间方差法	该算法的基本思想是先设定一个起始阈值，根据这个值把图像点分为两类，并且计算两类数据之间的总方差，并且逐步更新阈值，随之逐步更新其方差，寻找方差最大时的阈值，该阈值即为能够使图像二值化效果最好的阈值
迭代法	该算法的核心思想是同样先设定一个阈值 c，然后不断在此基础上进行迭代，按照一定的规则，直到满足预先给出的约束条件，则 c 即为最佳阈值，根据这个阈值将小于阈值的灰度值归为 0（黑色），而大于阈值的归为 255（白色）
双峰法	该方法认为图像是由前景和背景组成的，那么当这张图片被计算机读取后，由于前景和背景各由不同的物质组成，因此读取后它们的数据会各自集中在某一个区域形成双峰现象，那么双峰之间的最低谷就是二值化的阈值，紧接着我们将小于阈值的灰度值归为黑色，而大于阈值的归为白色，即完成了由一张自然图片读取并二值化的过程

（续）

变换方式	操作过程
P 分位法	该方法的核心思想是在已知需要的图像在整体的图像中所占的比率（Ratio），那么只要不停的尝试不同的阈值，对图像进行分割，一旦所分割后的图像所呈现的比率与 Ratio 足够接近（同样意味着达到预先设定的规则），那么该阈值即为我们所求的最佳分割阈值
一维最大熵法	该方法的思路是先将一幅彩色图像灰度化，利用图像的灰度分布密度函数，统计每一个灰度值出现的概率，计算每一个灰度值为阈值时的信息熵，最后确定使熵最大的灰度值即为阈值，利用阈值进行图像分割

对表 8-2 所列的五种算法进行比较后发现，其基本思路都是存在一定的遍历性，以寻找最优阈值，区别在于不同的算法对于最优阈值的表现形式是不同的。相比于这些算法，双峰法二值化算法有几个优点表示：虽然摄像头拍到的画面色彩繁杂，但同一物质或不同物质组成的整体在色彩上是渐变的，这就导致它们的像素点在灰度值的表示上必然也是混在一起的，而道路是整体的，因此它在灰度值的表示上也是聚集在一起的，这些特性导致双峰法对于色彩复杂的真实道路有较强的识别能力；同时它算法的实施不需要太多的已知信息，并且对于全局性的把握较好，因此采用双峰法来进行地图的栅格化。

3. 路径规划

路径规划作为无人驾驶汽车顺利运行的重要环节，是指无人驾驶汽车在具有障碍物的环境中规划出一条从起始位置到目标位置并且无碰撞的最优或次优路径，而且能够满足所有的约束条件，是实现汽车智能化的关键技术之一。

路径规划包括全局路径规划，也可以称为全局导航规划，即从出发点到目标点之间的纯几何路径规划，无关时间序列、车辆动力学。全局路径规划主要是对局部路径规划起到导向和约束作用，使车辆沿着导航系统提供的一系列期望局部目标点行驶。动态避障规划又称局部路径规划，是在车辆沿期望路径行驶时，通过车载传感器感知周围环境及交通信息，从而实现车道保持、动态避障等功能。轨迹规划则源自机器人研究，通常是说机械臂的路径规划，轨迹规划应该是在路径规划和避障规划的基础上，考虑时间序列和车辆动力学对车辆运行轨迹的规划，主要是车辆纵向加速度、车辆横向角速度以及轮胎偏转角等的设定。

图 8-3 所示为路径规划算法分类，主要包括以下几类：①全局路径规划包括 BFS 算法、Dijkstra 算法、A* 算法、D* 算法以及 RRT 算法；②局部路径规划包括传统算法中的人工势场法、动态窗口法、模拟退火法、模糊逻辑法，以及智能算法中的神经网络、遗传算法、蚁群算法、粒子群算法和蜂群算法；③轨迹规划包括基于模型预测控制（MPC）和基于几何轨线控制。

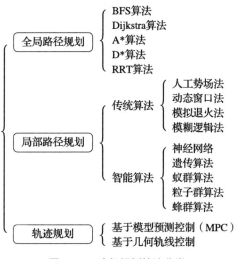

图 8-3　路径规划算法分类

一般来说，路径规划主要是按照规划路径距离最短、算法执行时间最短或是车辆工作代价最小以及确保车辆行驶的平顺性、操纵稳定性其中的一个或几个变量参与决策，以达到最优的解决方案，并以它们作为评价指标对不同的算法进行判断与选择，最终实现自己所需要或是希望的一些功能，而不同时期发展出的不同算法则注重于不同的决策变量。

（1）全局路径规划

全局路径规划规划通常可以找到最优解，但需要预先知道准确的全局环境信息。该算法计算量大、实时性差，不能较好地适应动态非确定环境，比如日常驾驶中突然出现的行人、车辆、障碍物等。

1）Dijkstra 算法。该算法采用了贪心算法的思想，每次都查找与该点距离最近的点，它是遍历完所有节点才得到最短路径，呈现波纹状向外扩散，所以得到最短路径的成功率很高，鲁棒性也好；但是遍历节点多、效率低是其运用于大型复杂路径拓扑网络时的致命缺点。

2）BFS 算法。该算法在搜索时只考虑了各节点到终点的估计距离，因为是估计距离，所以不能保证找到的路径为最优路径。然而，它比 Dijkstra 算法快得多，因为它利用启发式函数，可以保证其搜索的节点越来越靠近目标节点，并最终到达目标节点。

3）A*（star）算法。它在进行启发式搜索提高搜索效率的同时也能够找到一条较为优化的路径，兼顾了 BFS 和 Dijkstra 算法的优点。其搜索具有方向性、扩展节点少、鲁棒性好，对环境信息反应快；缺点是在实际应用中忽略了运动体自身的体积带来的节点限制，并且随着区域的扩大，搜索效率不断下降、路径转折点多、转角大，与车辆实际行驶有所区别。

4）D*算法。Stentz 针对 A*算法无法在新出现路障时规划出新的路径，提出来 D*算法（Dynamic A*），具有与环境交互的能力，可以处理动态变化的环境，而且当环境发生变化时，基于以前的路径重新计算全局路径的成本降低。但是反向搜索建立了一个信息场，规划区域较大时，需要维护存储的数据量大，当出现"堵塞"时信息更新代价较大。

5）RRT算法。RRT具有以下独特优势：①不需要对环境建模，直接对环境中的采样点进行碰撞检测；②随机树扩展的速度极快，搜索效率高；③适合解决动态、多障碍物环境下的路径规划问题。但RRT算法也有不足之处，那就是随机树扩展过程中产生了很多冗余搜索。

几种全局路径规划算法对比与分析见表8-3。

表8-3　全局路径规划算法对比

算法	优缺点
Dijkstra算法	得到最短路径成功率很高，鲁棒性也好；但是遍历节点多，效率低
BFS算法	搜索效率最高；但是占用内存大、搜索得到最优路径可能性低
A*算法	搜索具有方向性，扩展节点少，鲁棒性好，对环境信息反应快；但是随着规划区域的扩大搜索效率不断下降，路径转折点多、转角大，与车辆实际行驶有所区别
D*算法	可以处理动态变化的环境，当环境发生变化时，基于以前的路径重新计算全局路径的成本降低；但是反向搜索建立了一个信息场，需要维护存储的数据量大
RRT算法	不需要对环境建模，直接对环境中的采样点进行碰撞检测，搜索速度极快，搜索效率极高，适合解决动态、多障碍物环境下的路径规划问题；但是随机搜索产生了很多冗余，也不能够找到最优路径

（2）局部路径规划

局部路径规划是以不知道或不完全知道的环境信息为前提，自动驾驶车辆仅通过车载传感器，比如摄像头、激光雷达等感知设备感知自身周围环境，包括行人与其他车辆的行驶状态、车道线、交通指示标牌等，并通过多传感器融合算法准确定位自身位置，建立地图模型，进行实时路径规划。与全局路径规划方法相比，局部规划更具实时性和实用性，对动态环境具有较强适应能力；其缺点是由于仅依靠局部信息，有时会产生局部极值点或振荡，无法保证自动驾驶汽车能顺利地到达目标点。

1）传统算法。主要包括：

①人工势场法。1985年，Oussama Khatib提出来一种将机器人在周围环境中的运动，设计成一种抽象的人造场中的运动，目标点对移动机器人产生"引力"，障碍物对移动机器人产生"斥力"，最后通过求合力来控制移动机器人的运动的一种算法，称为人工势场法（APF）。该算法规划出来的路径平滑安全、描述简单，但却存在一些问题：当物体离目标点比较远时，引力将变得特别大，相对较小的斥力在可以忽略的情况下，物体运动路径上可能会碰撞到障碍物；当目标点附近有障碍物时，斥力将非常大，引力相对较小，物体很难到达目标点；在某个点，引力和斥力刚好大小相等，方向相反，则物体容易陷入局

部最优解或振荡。

②动态窗口法。1997 年，发表在《IEEE Robotics and Automation Magazines》上的一篇文章首次提出了一种新的应用于机器人路径规划的算法，即动态窗口法（DWA）。其原理主要是在机器人的直线速度 v 和旋转速度 ω 组成的速度空间 (v, ω) 中采样多组速度，并模拟这些速度在一定时间内的运动轨迹，再通过一个评价函数对这些轨迹打分，最优的轨迹所对应的速度被选择出来驱动机器人运动。然而，在障碍物较多的情况下，移动过程容易陷入局部最优，导致全局路径距离变大。

2）智能算法。随着对各个交叉学科的研究，各类智能优化算法也被引入到路径规划领域，通过模拟自然界生物的行为规律实现优化的目的。智能优化算法具有自学习、自决定功能。近年来，典型的智能优化算法包括遗传算法、蚁群算法、粒子群算法和神经网络算法等，具体介绍如下：

①遗传算法。图 8-4 所示为遗传算法流程图，遗传算法首先需要我们建立栅格地图，之后初始化种群，计算种群的适应度，通过判断是否达到迭代次数或满足最优路径，如判断为否，则需要进行选择、交叉、变异操作，直到满足输出条件，最终输出最优路径。

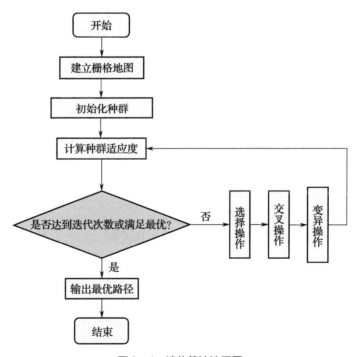

图8-4　遗传算法流程图

遗传算法（GA）主要应用于优化问题和搜索问题两大领域，是一种并行随机搜索优化方法。遗传算法已被视为可以快速定位广阔且复杂的搜索空间的高性能区域的搜索过程，但输出结果可能不太准确。如今，在许多研究中，它已用于局部搜索方法，称为局部遗传算法。

②蚁群算法。蚁群算法是根据模拟蚂蚁寻找食物的最短路径行为来设计的仿生算法，因此一般而言，蚁群算法用来解决最短路径问题，并真的在旅行商问题（TSP）上取得了比较好的成效。目前，它已渐渐应用到其他领域中去，在图着色问题、车辆调度问题、集成电路设计、通信网络、数据聚类分析等方面都有所应用。

图 8-5 所示为蚁群算法流程图，首先需要设置参数进行初始化，紧接着用评价函数评价蚁群是否满足终止条件，如果不满足则需要继续迭代，利用概率选择移动方向，进行信息索更新，继续评价蚁群直至满足终止条件输出最优路径。

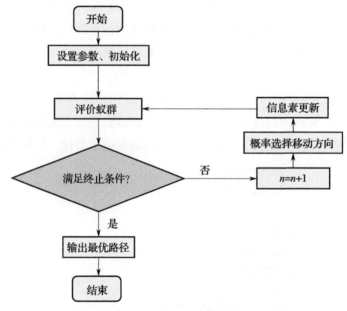

图 8-5　蚁群算法流程图

蚁群算法具有较强的鲁棒性和适应性等优点，但也存在收敛速度慢、易出现局部最优解等问题，得到的往往是近似最优解。

③粒子群算法。从随机解出发，通过迭代寻找最优解，它也是通过适应度来评价解的品质，但它比遗传算法规则更为简单，它没有遗传算法的"交叉"（Crossover）和"变异"（Mutation）操作，它通过追随当前搜索到的最优值来寻找全局最优。这种算法以其实现容易、精度高、收敛快等优点引起了学术界的重视，并且在解决实际问题中展示了其优越性。

图 8-6 所示为粒子群算法流程图，首先初始化粒子群，计算每个粒子的适应度，根据适应度去更新种群里 Pbest（单个个体的最优解）与 Gbest（种群全局最优解），更新粒子位置、速度，判断是否达到迭代次数或是满足最优位置，如判断为否，则重新计算粒子的适应度，继续更新种群里 Pbest 与 Gbest，更新粒子位置、速度最终满足输出条件，输出最短路径。

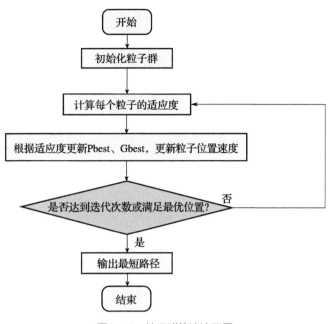

图8-6　粒子群算法流程图

几种局部路径规划算法对比与分析见表8-4。

表8-4　局部路径规划算法对比

算法	优缺点
人工势场法	规划出来的路径平滑安全、算法描述简单；但是存在局部最优解的缺陷
动态窗口法	具有良好的避障能力；但是，该方法回避了全局路径最优的路径规划要求，障碍物较多的情况下存在陷入局部最优的致命问题
遗传算法	可以快速定位广阔且复杂的搜索空间的高性能区域的搜索过程；但输出结果可能不太准确，不能够得到最优路径
蚁群算法	具有较强的鲁棒性、适应性等优点；但也存在收敛速度慢、易出现局部最优解等问题，得到的往往是近似最优解
粒子群算法	实现容易、精度高、收敛快；但是得到往往为近似最优解

（3）轨迹规划

对于自动驾驶车辆这一受非完整性约束的系统，研究人员通常基于车体模型进行轨迹规划。按照车体模型的精确程度，轨迹规划方法可以进一步分为基于模型预测控制（Model Predictive Control，MPC）以及基于几何轨线控制的规划方法。

对于自动驾驶车辆来说，轨迹生成问题主要研究如何生成一系列动作，使得自动驾驶车辆由初始状态到达目标状态。规划的轨迹包括和时间相关的速度、加速度、行驶时间、燃油消耗量等状态和控制量，并将轨迹信息传给运动控制系统。运动控制系统接收到规划轨迹的详细信息以后，对车辆的姿态进行控制，使其沿着规划轨迹进行循迹行驶，以达到对智能车辆自动控制的目的。对于自动驾驶车辆来说，其初始状态包括其二维坐标(x, y)、航向角ψ以及曲率κ、转弯半径R、前后轮轴距以及前轮转向角之间的关系。

实际情况远比这复杂，还需要建立大量的数学方程，良好的规划必须建立对周边环境，尤其是动态环境的深刻理解。

二、智能网联汽车地图的种类

进行路径规划寻找最优解之前，首先需要对已知环境地图进行数字化处理，以方便我们利用不同的路径规划算法在地图上找寻最优路径。常用的环境地图模型有以下四种：栅格地图、几何地图、拓扑地图、混合地图。

1. 环境地图的表示方法

（1）栅格地图

在自动驾驶领域当前应用最为普遍的基于栅格地图的路径规划算法是由 Elfes 和 Moravec 提出。栅格地图是将环境视为平面上的多个栅格，通过每个栅格携带的二值信息，来表征该空格区域是可行区域还是障碍区域，从而形成整个环境的障碍物信息，为后续的路径规划提供依据。栅格地图表现形式直观，创建和维护都比较容易，当栅格太小时，由于每个栅格都会占据一定的内存空间，将会导致整个系统过大，在导航时会影响系统的搜索效率，实时性差。过大的栅格将会使得实际地图中相邻区域的信息变得模糊，严重的甚至会出现表征错误，影响导航的准确性，因此在使用时需要选取大小合适的栅格。

（2）几何地图

几何地图通过常见的几何特征去拟合障碍物信息，比如用常见的点特征、直线特征、平面特征等来搭建环境的主要环境框架，因此需要知道这些特征处于环境中的具体位置。基于几何地图进行定位是通过对摄像头观测到的环境数据进行度量，并与搭建的环境框架进行比较，通过特征估计技术来确定自动驾驶汽车在环境中的具体位置来实现定位。这种方法建模简单、存储空间较小，但是不能够直观表达非结构化道路，几何特征难以获取。

（3）拓扑地图

用拓扑的结构来表示环境地图并用于移动机器人导航定位的概念最早由 Mataric 和 Kuipers 提出。拓扑图由许多关键节点和连接这些节点的线条来描述环境，可以形象的表示环境的拓扑结构。其中，节点代表环境中的地点，线条表示机器人可以在连接的节点间运动。拓扑地图能够为机器人在节点间的移动提供节点间距离及方位信息。拓扑地图的特点是抽象、占用内存空间很小、搜索时间短，运用于导航定位系统的实时性较好。此外，运用拓扑地图进行导航定位的算法也经历了很长一段时间的发展，已经形成了许多成熟高效的搜索和推理算法，可以很方便地调用，缺点是每次匹配都需要从最邻近的拓扑节点开始匹配。

（4）混合地图

混合地图主要包含 3 种形式：栅格 - 几何地图，几何 - 拓扑地图，栅格 - 拓扑地图。混合地图通常是考虑到由于不同的场景，最适合该场景的地图也不相同，我们需要去选择最为合适的地图，通常应用于大场景下的环境表示。相比于单一地图模式，混合地图更具灵活性、准确性和鲁棒性。

2. 高精度地图

高精度地图对于自动驾驶汽车来说，具有很高的价值。图 8 - 7 是高精度地图示意图，车道线、路标、周围建筑物等被清晰标注出来。其特点如下：

1）高精度地图能够给自动驾驶汽车很多预判的空间。当自动驾驶汽车通过高精度地图知道前方的路况和交通标识信息后，能够提前做行驶规划，保证了行车的平稳性和经济性。

2）高精度地图能够帮助自动驾驶汽车减少计算量。当自动驾驶汽车通过路口时，它需要提前感知前方信

图 8 - 7 高精度地图示意图

号灯的状态，这时高精度地图就可以帮助它定位到信号灯所在的特定区域，从而有效降低了全范围扫描识别的计算量。

3）高精度地图将道路及周围的所有静态障碍物进行收集，减少自动驾驶汽车对静态障碍物的算法处理。

4）高精度地图包含完备的道路信息，使自动驾驶汽车可视范围更广，是自动驾驶汽车达到 L4 和 L5 级自动驾驶能力的必备条件。

匹配定位、辅助环境感知以及路径规划是高精度地图的三大功能。匹配定位功能将传感器上传的车辆与车道线的相对位置与 GPS、北斗等全局高精度地图中车道线先验信息进行匹配完成横向定位纠正，通过路口、路牌等特征点位置与全局高精度地图中对应交通标识的先验信息进行比较，完成纵向偏差纠正。感知模块中传感器视野有限，而全局高精度地图包含全面丰富的道路环境，因此全局高精度地图可以配合感知模块提供完备的环境信息，同时感知模块只需处理指定范围内的障碍物信息，减小了计算压力。路径规划的完成必须基于高精度地图，根据输入的起点与目标点位置，提取高精度地图中匹配的行驶路径或行驶区域，其中包含变道规则等信息，对该区域地图以栅格化或几何化等方式加工，精简地图信息量，方便路径规划算法运算处理。

3. 地图对比与分析

由表8-5所列环境地图对比与分析可知，几何地图适用于简单场景的环境建模；混合地图模型不易搭建；拓扑地图只能够表现环境地图中的关键节点和路径，无法构建几何直观地图。而自动驾驶汽车常常需要在复杂的环境中行驶，栅格地图对于复杂环境有较好的适用性，为了满足本书研究的需要，选择栅格地图作为环境地图的表达方式。

表8-5 环境地图对比与分析

模型	优点	缺点
栅格地图	直观、建模简单、易实现、可以实时更新、能够共享、精确度高、可以从云端获得、方便读取	栅格分辨率不易确定，环境越复杂栅格分辨率越低、存储空间越大、运算效率越低，路径规划效率不高，空间浪费
几何地图	建模简单、存储空间小、计算时间短、不能实时更新、无法共享	不适合非结构化道路，几何特征难以获取
拓扑地图	占用内存空间很小、搜索时间短、运用于导航定位系统的实时性较好，忽略了外部环境的几何特征	抽象，每次匹配都需要从最邻近的拓扑节点开始匹配，难以构建大环境下的地图，对于视角敏感，而且缺乏精确的尺度信息
混合地图	地图更灵活、准确	环境地图的搭建不易，通常需要根据不同环境选择不同的混合地图

三、基于栅格地图的 A* 算法

为了对 A* 算法进行优化处理以改善其算法的迭代时间和路径规划能力，目前可以从两个方面对其进行优化，分别是对它的算法本身进行优化或是对栅格地图进行优化。

1. A* 算法、BFS 算法、Dijkstra 算法基本原理

A* 算法是依照某一启发规则并和 Dijkstra 算法相结合而生成的，所以 A* 算法不仅可以搜索到整个环境下的最优路径以外，还拥有较快的运行计算速度。它的核心表达式为：

$$F(n) = G(n) + \text{Weights} \times H(n) \tag{8-1}$$

表8-6列出了几种符号的表示含义，其中，$G(n)$ 表示汽车在工作空间中从初始起点移动到当前节点所消耗的实际代价值；$H(n)$ 为当前节点到终点的路径代价估计值，也称作启发函数，一般选用曼哈顿算法进行距离估计；$F(n)$ 为前两者之和，在路径规划中表示智能汽车在当前节点 n 所消耗的总代价值。曼哈顿距离的公式为：

$$H(n) = \text{abs}(n_x - \text{goal}_x) + \text{abs}(n_y - \text{goal}_y) \qquad (8-2)$$

表8-6　几种符号的表示含义

符号	$F(n)$	$G(n)$	$H(n)$
表示含义	初始节点至目标节点距离	初始节点到当前节点距离	当前节点至目标节点的估计距离

若 Weights 取值 0，则 A* 算法则退变为 Dijkstra 算法。若 Weights 远大于 1，则该算法蜕变为 BFS 算法，启发性函数 $H(n)$ 对于整个算法影响较大。若 $H(n)$ 能够较好的与 $G(n)$ 匹配的话，路径将固定且最优，所耗时间最短；反之，$H(n)$ 不仅会极大的增加算法速度，还会影响智能汽车寻优，最终使车辆选择一条次优路线。

图8-8所示为 A* 算法搜索路径，S 点为起点，E 为终点，黑色表示无法通行的障碍物。实时计算 S 下一时刻所能到达的周围节点的 $F(n)$ 值，并从允许移动的格网节点中寻找 $F(n)$ 的最小值 S1 进行移动，紧接着搜索 S1 周围节点的最小 $F(n)$ 值继续移动，并和 S 至该节点的 $F(n)$ 值进行比较，若其 $F(n)$ 值大于 S，则选择直接从 S 移至该节点，途中浅色 S1 节点被放弃，持续搜索，最终选择一条代价值最小的路径到达目的地，即 S—S1—S2—S3—S4—S5—E。

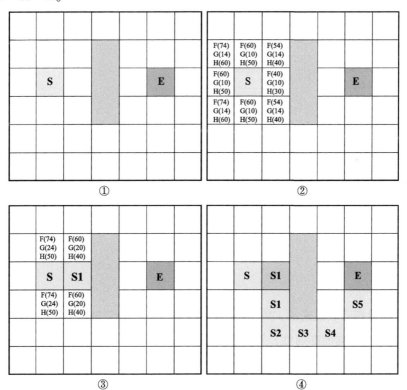

图8-8　A* 算法搜索路径

　　为了更为清晰地说明 A* 算法的工作原理，我们设计了流程图，如图 8-9 所示。首先初始化 Open 列表，加入起始节点 S；初始化 Closed 列表，加入障碍物格点；搜索 S 周围可以达到的节点，放到 Open 列表中，设置 S 为父节点，并放入 Closed 列表中。计算 Open 列表中每个节点的最小 F 值，将最小 F 值加入 Closed 列表，并设置该节点为父节点继续搜索，直至搜索至目标节点加入 Closed 列表跳出循环。

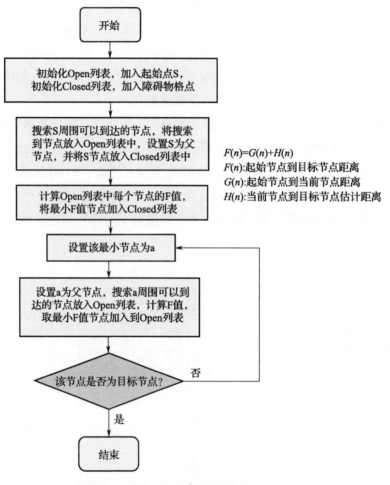

图8-9　A* 算法流程图

2. 基于 MATLAB 仿真实验结果

　　在 A* 算法的核心表达式中，Weights 代表权重，通过调节 Weights 来对算法进行切换。为了确保仿真实验数据的准确性，对于不同的 Weights 取值分别进行五次路径搜索，记录下每一次路径搜索的路径长度与搜索时间，计算时取平均值。

　　仿真实验数据见表 8-7，不同权重路径搜索图如图 8-10 所示。

表 8-7　仿真实验数据记录表

Weights	平均路径长度/m	平均搜索时间/s
0	104	30. 341
1	104	17. 239
2	104	5. 388
10	120	4. 508

图 8-10　不同权重路径搜索图

复习题

1. 智能汽车通常由哪几部分构成？

2. 智能汽车上的传感器通常有哪些？

3. 激光雷达的优缺点有哪些？

4. ROS 中常见的基于 2D 激光的集成地图的生成方式有哪些？

5. 几种图像二值化的方法是什么？

6. 路径规划的划分标准及其包含的算法是什么？

7. A* 算法的优缺点有哪些？

第九章
车联网技术原理与应用

一、车联网的发展及其分类

1. 单车智能

（1）单车智能的起源

早在20世纪三四十年代，美国就提出了自动驾驶技术概念车理念。1984年，卡内基梅隆大学研发出了自动驾驶原型车。2004年，业内就开始了百万美金的自动驾驶挑战赛。但是一直到现在，仍然没有完全无人自动驾驶的汽车产品出现，其没有成功实现商业化落地的一个重要的原因是自动驾驶面临技术要求高、运行环境复杂等难题。

（2）单车智能的不足

在过去的几十年中，研究者专注于单车智能的研究，单车智能希望让车自身具有感知、决策、控制等能力，能处理路上所有的情况，以实现安全驾驶。但单车智能系统有其先天局限性，见表9-1，主要包括单车的整车电子电气架构复杂、通信能力较差、计算能力较弱、全时感知较为困难、高精度地图不能实时更新、决策规划无法得到完整的信息、技术具有长尾效应等。

在上述单车智能的技术问题中，个别问题可以在短时间解决，但大部分问题还是面临着长时间难以解决的困境。此外，单车智能还面临着另外一类问题——成本问题。为了让单车实现智能化，需要给单车配备非常多昂贵的传感器单元，成本极其高昂。而且单车智能技术较为复杂，其研发所需的人力、物力成本都较高，很难由一个企业单独研发完成。

表9-1　单车智能的局限性

单车智能的局限性	整车电子电气架构复杂	高精度地图不能实时更新
	通信能力较差	决策规划无法得到完整的信息
	计算能力较弱	技术具有长尾效应
	障碍物遮挡	成本昂贵
	感知距离局限性	算例较少

2. 协同智能

由于单车智能的这些局限，要想打造安全、经济的自动驾驶系统，不仅要研发聪明的车、也离不开研发智慧的路和强大的云网。为了实现汽车智能驾驶，业内开始研发协同智能。协同智能让汽车智能驾驶由单兵作战转变为有组织的高效协同合作，实现车辆与交通设施和网络等全部要素的连接。

协同智能具有上述众多优点离不开其核心技术——车联网。车联网是一种将车内部及外界互联，以实现车路协同、云端协同等协同智能的一种技术。车联网借助先进传感器、控制器、执行器等装置，运用信息通信、互联网、大数据、云计算、人工智能等新技术，可以实现车内、车与车、车与路、车与人、车与服务平台的全方位网络连接，从而提升汽车智能化水平和自动驾驶能力，提高交通效率，改善汽车驾乘感受，为用户提供智能、舒适、安全、节能、高效的综合服务，为智慧城市的建设提供强有力的技术保障。

伴随着ICT产业与汽车产业、交通产业的深度融合，车联网逐渐被认为是近些年市场需求最明确、最有产业潜力的物联网领域之一。由于各方的行业背景和视角不同，对车联网的理解也不完全相同。当前，车联网技术发展和服务能力不断提升，借助于人、车、路、云平台之间的全方位连接和信息交互，催生了大量新的业态。狭义的车联网应用通常指车载信息服务类应用，即通过车辆把车主与车使用范围服务资源整合在一起；广义的车联网应用还包括面向交通安全、交通效率类应用以及以自动驾驶为基础的协同服务类应用。新应用也对汽车、交通的智能化与网联化水平提出了新的发展需求，引领车联网技术与产业发展，促进城市数字化与智慧化发展。

在工业及信息化部发布的《国家车联网产业标准体系建设指南》中指出，"发展车联网产业，有利于推动智能交通，实现自动驾驶，促进信息消费，有利于推动汽车节能减排"。由于车联网的重要地位，其技术的研发已成为当今各国的重点研究课题，美国、日本及欧洲一些国家都出台了多项政策促进企业开展相关研发。为了推进车联网的相关发展，我国也发布了一系列的政策扶持，如图9-1所示。

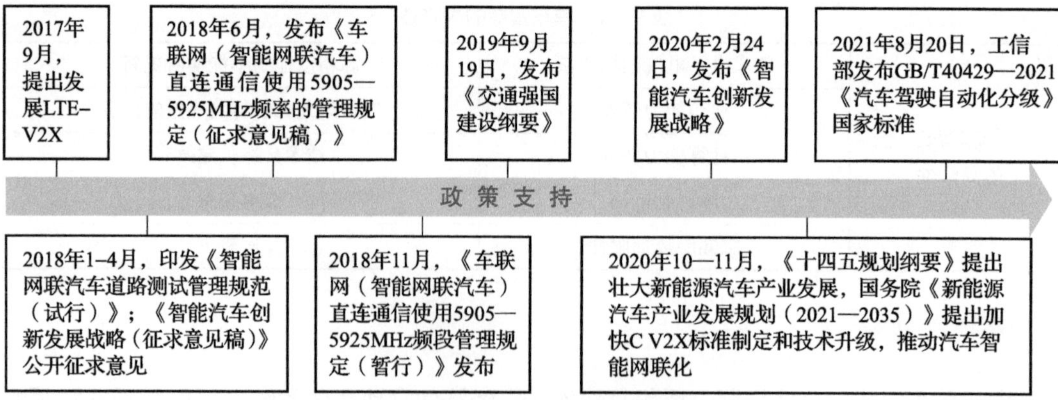

2017年9月，提出发展LTE-V2X	2018年6月，发布《车联网（智能网联汽车）直连通信使用5905—5925MHz频率的管理规定（征求意见稿）》	2019年9月19日，发布《交通强国建设纲要》	2020年2月24日，发布《智能汽车创新发展战略》	2021年8月20日，工信部发布GB/T40429—2021《汽车驾驶自动化分级》国家标准

政 策 支 持

2018年1—4月，印发《智能网联汽车道路测试管理规范（试行）》；《智能汽车创新发展战略（征求意见稿）》公开征求意见	2018年11月，《车联网（智能网联汽车）直连通信使用5905—5925MHz频段管理规定（暂行）》发布	2020年10—11月，《十四五规划纲要》提出壮大新能源汽车产业发展，国务院《新能源汽车产业发展规划（2021—2035）》提出加快C V2X标准制定和技术升级，推动汽车智能网联化

图9-1 我国车联网发展的相关政策

（1）协同智能的优势

1）安全角度：很多单车智能很难处理的场景，通过智慧的路和强大的云网设施能非常容易地解决，协同智能提高了出行的可靠性，能够有效地减小交通事故发生的概率。

2）成本角度：协同智能建设了智慧道路、智慧云网等公共交通设施，可以充分利用基础设施上的数据、计算能力和算法模型等，从而可以让单车减少一定的传感器设备，降低单车的成本。

3）自动驾驶的感知、决策和控制：单车智能的感知只能基于自身传感器，具有一定的局限性，而协同智能中"智慧的眼睛"可以是基于公共交通设施的传感器设备及网络，即基于5G"车-路-边-云"的四级融合数据处理系统设备及网络，涵盖车载感知数据、路侧感知数据、边缘、区域、中心云接入的交通/路测数据、环境/公共服务数据以及其他基础服务平台数据等，可以达到无死角、超远距离的感知，所以也称之为"上帝视角"。

4）大数据收集能力：单车智能无法感知到别的车辆、网络，其决策只能基于自身的不完整信息来处理分析，所以决策结果只能实现局部最优。而协同智能的基础设施及云端系统能够拥有足够强大的大数据收集能力，可以通过多方面的数据，综合考虑到所有车辆的下一步的运动趋势，实现整体的最优解。

5）计算能力：单车智能的计算能力有限，而协同智能可以利用云端的强大计算能力，配合边缘计算的合理分配，使得协同智能的汽车能通过大量的数据计算，做出全局最优的决策结果，能够有效地提高出行效率，减少交通拥堵，提高智能的体验感。

6）迭代更新能力：协同智能可以实现实时的在线数据迭代更新，如高精度地图的实时下载更新、程序的下载升级等，而单车智能则不行。

7）未来的商业模式：随着协同智能的发展，未来的商业模式可能会面临大的革新，通过协同智能将商业搬运到车上，如线下的实体服装店可以转变为流动的售衣智能车辆。

（2）协同智能的不足

1）由于协同智能系统需要建设大量的基础设施、云端架构和网联架构，其建设所需要的成本巨大，而且相关建设的周期较长。

2）协同智能系统需要多种设备及设施，其技术的复杂性导致在研发过程需要有多个环节合作，实行产业链式的研发模式，如图9-2所示。协同智能的研发主要包括通信芯片、通信模组、终端与设备、整车制造、解决方案、测试验证以及运营与服务等环节。在产业研发上，需要科研院所、标准及行业组织、关联技术产业、投资机构等众多研发参与方的合作；在设施的建设上需要芯片厂商、设备厂商、主机厂、方案商、电信运营商等众多参与方合作。这就导致了协同智能的产业链较长，需要社会各方面进行协同配合。

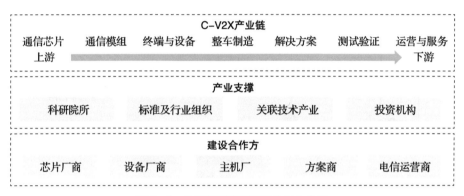

图9-2　协同智能研发环节及其产业链

3. 车联网的分类

车联网根据不同的区分对象可以进行多种划分。

（1）按照网络架构划分

以三层的车联网体系结构为例，车联网可以划分为感知层、网络层和应用层。感知层通过车载传感器、雷达以及定位系统的协同感知，将收集到的车内外行驶状态信息、交通状况信息和道路环境信息反馈给驾驶员，驾驶员根据收到的反馈信息做出行驶决策，实现感知数据辅助驾驶的功能。网络层主要通过车载网络、互联网以及无线通信网络分析处理感知层所收集到的数据，实现车联网的网络接入、数据分析、数据传输以及车辆节点管理等功能。应用层是车联网体系架构的最高层，主要为用户提供不同的服务。

（2）按照功能划分

车联网主要由端系统、云系统和管理系统三大部分组成。

1）端系统：行人端、车端、路端组成端系统。

2）云系统：在车联网中承担数据存储、分析和智能决策的任务，承载不同用户的业务需求和数据需求。

3）管理系统：管理各个终端进行通信连接、车辆自组织网络与异构网络有效衔接，保证各端之间信息交互的实时性、可服务性以及网络泛在性。

（3）按照网联技术划分

车联网可以根据网联技术分为车内网、车云网和车际网，如图9-3所示。云端网络连接着车内网、车际网和车云网，实现信息的传递，后台和数据中心为云端及网络提供可靠的计算能力、算法和算例等。

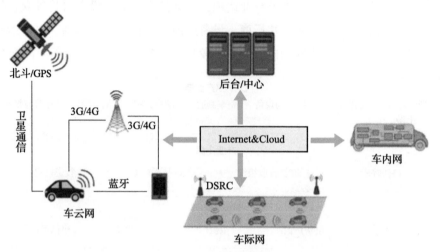

图9-3　车联网结构图

1）车内网。车内网主要是通过 CAN 总线、LIN 总线和汽车的车载以太网等实现车内部信息的传递交流，如图9-4所示。车内网中以高速以太网作为骨干网络，将核心域控制器（动力总成、车身、娱乐、ADAS）连接在一起。在娱乐子网中，娱乐域控制器与其子部件通过以太网实现通信。此外，当一个域需要与其他域交换信息时，也是经由网关、以太网络实现。

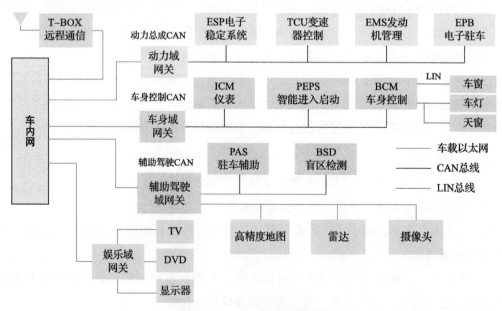

图9-4　车内网信息传递流程

随着近年汽车电子的快速发展，车内 ECU 数量的持续增加，带宽需求也随之不断增长。此外，汽车制造商的电子系统、线束系统等成本也在提高。而相比于传统总线技术，车载以太网不仅可以满足汽车制造商对带宽的需求，同时还能降低车内的网络成本，而且在工业领域中大量使用几十年，是未来整车网络架构设计的趋势。目前，车载以太网主要用于诊断系统、车载信息娱乐系统（IVI）以及驾驶辅助系统。

2）车云网。如图 9-5 所示，车云网目前主要提供 Telematics 服务。Telematics 是指通过车载计算机系统、无线通信技术、卫星导航装置、互联网信息技术，向车主提供驾驶所需的包括汽车安防、车载通信、导航定位、交通信息、新闻资讯、娱乐应用、远程诊断、远程调度等功能的综合信息服务系统。车云网的优点为覆盖范围广，能够与 Internet 连接，缺点是时延较大，不适合紧急安全应用。

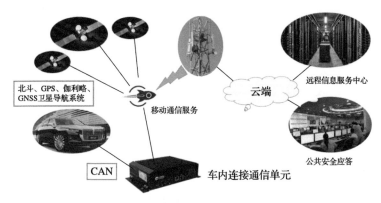

图 9-5　车云网信息传递

3）车际网。车际网是专用中短距离通信技术，主要实现车车/车路协同，现有的通信技术主要包括 DSRC（Dedicated Short Range Communication）和 C-V2X（Cellular Vehicle To Everything）。其优点是时延极短、可靠性高，但是需要支撑主动安全应用。在 DSRC 技术中，车辆之间采用支持高移动性的 Ad hoc（点对点）组网方式，进行一跳或者多跳通信，传输安全信息和其他娱乐信息；在 C-V2X 技术中，车辆之间通过 PC5 和 U 接口实现车与车、车与人、车与交通设施和车与网络的信息交流。

（4）现有智能车辆案例

为了实现车联网的功能，离不开其核心部分——智能车辆。智能车辆是一个集环境感知、规划决策、多等级辅助驾驶等功能于一体的综合系统，它集中运用了计算机、现代传感、信息融合、通信、人工智能及自动控制等技术，是典型的高新技术综合体。此处的智能车辆有别于单车智能，智能车辆不仅能够实现内部的交流，还能与外界进行信息传递交流，实现与外界互联，而单车智能只能实现车内部的通信交流。目前对智能车辆的研究主要致力于提高汽车的安全性、舒适性，以及提供优良的人车交互界面。近年来，智能车辆已经成为世界车辆工程领域研究的热点和汽车工业增长的新动力，很多发达国家都将其纳入各自重点发展的智能交通系统当中。我国也在大力发展智能车辆，如长安、红旗、蔚来、小鹏等品牌都有代表的智能汽车车型，如图9-6所示。

国产智能汽车发展			
长安UNI-T		蔚来ES6	
红旗H9		小鹏P7	

图9-6　国产智能汽车代表车型

二、V2X 技术

1. V2X 概述

（1）V2X 的起源

通俗来讲，所谓"智能车辆"就是在普通车辆的基础上增加了先进的传感器（雷达、摄像）、控制器、执行器等装置，通过车载传感系统和信息终端实现与人、车、路等的智能信息交换，使车辆具备智能的环境感知能力，能够自动分析车辆行驶的安全及危险状态，并使车辆按照人的意愿到达目的地，最终实现替代人来操作的目的。为了实现车辆智能化，需要相关传感、环境感知、高精度地图、雷达导航、加密等技术配合，在技术配合过程中离不开数据的通信传递。现阶段规划的智能汽车采用无线技术，实现交通系统中的各元素（主要是车车、车路以及车云）间有效的数据交换，即 V2X 技术，从而体现安全、节能、高效、舒适等价值。

（2）V2X 技术的主要内容与作用

车用无线通信技术（Vehicle to Everything，V2X）是将车辆与一切事物相连接的新一代信息通信技术，如图9-7所示。其中 V 代表车辆，X 代表任何与车交互信息的对象，当前 X 主要包含车、人、交通路侧基础设施和网络。V2X 交互的信息模式包括：车与车之间（Vehicle to Vehicle，V2V）、车与路之间（Vehicle to Infrastructure，V2I）、车与人之间（Vehicle to Pedestrian，V2P）、车与网络之间（Vehicle to Network，V2N）的交互。

当车面向不同的对象和不同的应用场景时，V2X 交互的信息模式也会发生改变。每种通信模式都有其相应的应用场景，见表9-2。

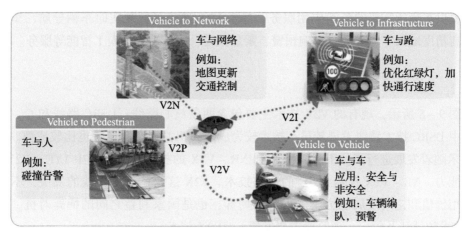

图9-7　车用无线通信技术概念图

表9-2　V2X技术的应用场景

分类	应用场景	分类	应用场景
V2V	前方碰撞警告、车辆失控警告、紧急车辆警告、紧急停车、协同自适应巡航控制、基站控制下的通信、预碰撞警告、非网络覆盖下通信、错误驾驶警告、V2V通信的信息安全	V2I	与路侧单元的通信体验、自动停车系统、曲线速度警告、基于路侧设施的道路安全服务、道路安全服务、紧急情况下的停车服务、排队警告
		V2P	行人碰撞警告、道路安全警告、交通弱势群体安全应用
V2N	交通流量优化、交通车辆记录查询、提高交通车辆的定位精度、远程诊断和及时修复通知	V2X	漫游下的信息交换、混合交通管理、与外界通信的最低服务质量

　　V2V是指通过车载终端进行车辆间的通信。车载终端可以实时获取周围车辆的车速、位置、行车情况等信息，车辆间也可以构成一个互动的平台，实时交换文字信息、图片和视频等信息。V2V通信主要应用于车辆监督管理、前方碰撞预警、变道辅助、左转辅助、协同式自适应巡航控制等场景，可以有效避免或减少交通事故。

　　V2I是指车载设备与路侧基础设施（如红绿灯、交通摄像头、路侧单元等）进行通信，其中路侧基础设施可以获取附近区域车辆的信息并发布各种实时信息。V2I通信主要应用于实时信息服务、车辆监控管理、速度建议、速度限制、交通优先权、路况预警、闯红灯预警、停车位和充电桩寻位等场景。未来汽车甚至可以通过网络及系统的搭建，与交通设施、办公场所、家等一切智能设备进行互联。

　　V2P是指通过车载终端与弱势交通群体的通信，可以接收到弱势道路使用者的预警和防护。V2P是指弱势交通群体（包括行人、骑行者等）与车载设备进行通信，从而实现信息的传递。V2P通信主要用于行人碰撞警告、道路安全警告和交通弱势群体防护等场景。

　　V2N是指车载设备接入网络并与云平台连接进行数据交互，对获取的数据进行存储和处理，提供车辆所需的各类应用服务。基于 V2N 通信可实现实时车辆导航、车辆远程监控、高精度地图、当前天气影响预警、紧急救援、信息娱乐、人工智能等服务。

2. V2X 的技术路线

如图 9 - 8 所示，现有的 V2X 技术主要包含两条核心路线：DSRC 路线和 C - V2X 路线。其中 DSRC 技术路线发展较早，技术较为成熟，相关的产业设备也比较成熟。而 C - V2X 技术随着发展进行了从 LTE - V2X 到 NR - V2X 的技术改进。其中 LTE - V2X 为 4G 的通信能力，NR - V2X 技术为 5G 的通信技术。V2X 这两条核心路线的发展，不仅是技术、商用价值和持续发展能力上的发展与博弈，也是国家利益之间的博弈对抗。我国对 DSRC 技术领域涉及较少，现阶段主要发展 C - V2X 技术。

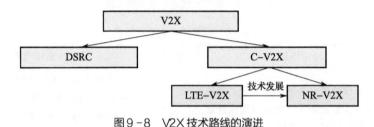

图 9 - 8 V2X 技术路线的演进

（1）DSRC 技术路线

DSRC（Dedicated Short Range Communication，专用短程通信）是以 IEEE 802.11p 为基础，提供短距离无线传输的技术，主要运用于车车和车路之间的通信。DSRC 技术能为车车之间、车人之间、车路之间以及智能交通系统提供高速的无线通信服务，且具有数据传输速率高、传输延时短等特点，能支持高速移动的车载通信，并保证通信链路的低延时和低干扰，保证系统的可靠性。DSRC 的目标通信范围在 1km 之内，相较于蜂窝通信和卫星通信来说，其通信距离较短。如图 9 - 9 所示，DSRC 通信需要满足点对点的信息传递，而蜂窝通信可以实现较远距离的通信。

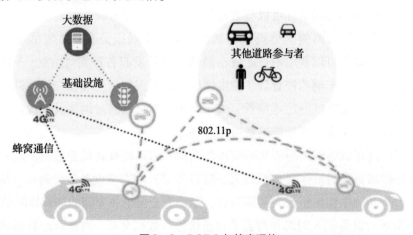

图 9 - 9 DSRC 与蜂窝通信

1）DSRC 技术的优缺点。具体如下：

优点：DSRC 是一种高效的无线通信技术，提供高速的数据传输，并保证通信链路的低延时和低干扰。智能网联汽车可以直接与相应的接收器（OBU 或 RSU）形成通信信道，除了 OBU 或 RSU，车辆信息的传输与接收不需要任何附加的基础设施。

缺点：当用户数量较多时，系统容量急剧下降，传输时延增加；通信距离短等。

2）DSRC 系统组成。DSRC 通信系统由三部分组成：车载单元（On-Board Unit，OBU）、路侧单元（Road-Side Unit，RSU）以及专用短距离无线通信协议。DSRC 通信系统模型如图 9-10 所示。

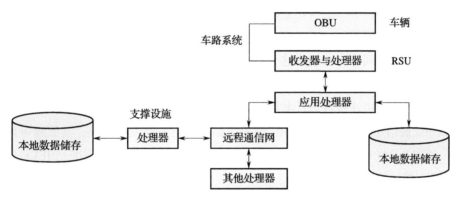

图 9-10　DSRC 通信系统模型

①车载单元（OBU）：车载单元放在移动的车辆上，相当于通信系统中的移动终端，与其不同的是通信方式和频率的差异。车载单元经过 DSRC 无线接收模块传输到车内处理器，处理器结合车内控制总线信息和 GPS 地理位置信息，输出给车辆驾驶员警告等信息。

②路侧单元（RSU）：路侧单元主要是指车道通信设备，RSU 参数主要有频率、发射功率、通信接口等。

③专用短距离无线通信协议：专用短距离无线通信协议（DSRC 通信协议）贯穿于整个 DSRC 技术的数据传递过程中，采用简化的三层协议结构，包括物理层（PHY）、数据链路层（LLC）和应用层（Application）。物理层是底层协议，主要提供帧传输控制服务、信道的激活/失效服务、收发定时/同步功能及指示物理层状态。数据链路层负责信息的可靠传输，提供差错控制和流量控制，使之对上层提供一条无差错的链路。此外，数据链路层负责定义通信帧的具体结构，提供实现相应功能的程序和程序单元。应用层则使用DSRC 数据链路层提供的服务，可以实现通信初始化和释放程序、广播服务、支持远程应用等相关操作。

3）DSRC 通信方式。车载无线通信包括车辆之间和车路之间通信。车辆之间通信是通过 DSRC 方式进行局域联网，实现交通信息共享或者碰撞预警信息传递。车辆之间采用支持高移动性的 Ad hoc（点对点）组网方式，进行一跳或者多跳通信，传输安全信息和其他娱乐信息。由于车辆间通信网络有其独特的特点，可以将长距离的网络分割成多段，通过中间车辆的信息传递，实现相隔距离超过 1000m 的两辆车通信。车路通信是车辆与路边的通信设施通信，通过连接公网实现自由的上传/下载多媒体娱乐信息和交通信息等，也可以连接交通专网，实现电子收费、智能停车收费等功能。

①建立连接：RSU 利用物理层的下行链路循环不断地发送出帧控制信息，当车辆驶入 RSU 的有效发射区域内，OBU 接收此信息，回复相应信息并请求建立连接。这时 RSU 收到请求信息做出响应操作，将响应信息发送给对应的 OBU。OBU 收到响应信息，发出确认信息，RSU 读取确认信息核实身份，连接建立成功。

②进行信息交互：利用之前建立好的连接，针对应用服务类型进行数据交换。在这个过程中最重要的是差错控制，可以通过差错控制让帧携带 OBU 私有标识、设置重传计数器、控制重传等待时间等方式解决这个问题。

③连接释放：RSU 向 OBU 发送释放连接信息，OBU 接收信息，确认要释放连接，设定连接释放计数器，由连接释放计数器释放连接。

4）DSRC 通信协议的发展。DSRC 的协议标准化主要由美国引导，其流程可以追溯至 2004 年，如图 9-11 所示。DSRC 技术主要基于三套标准：第一个标准是 IEEE 802.11p，它定义了汽车相关的专用短距离通信（DSRC）物理标准；第二个是 IEEE 1609 车载环境无线接入标准系列（WAVE），定义了网络架构和流程；第三个是 SAE J2735 和 SAE J2945，定义了消息包中携带的信息，该数据将包括来自汽车上的传感器信息，例如位置、行进方向、速度和制动信息。

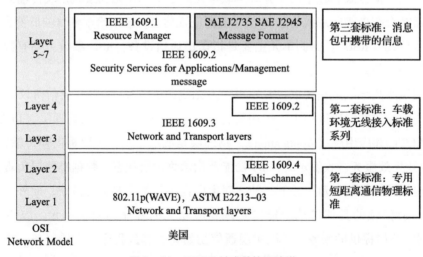

图 9-11　DSRC 技术的协议演进

5）DSRC 通信协议的应用。如图 9-12 所示，DSRC 技术在通信过程中会采用不同的协议传递不同的数据。在物理层和 MAC（Multiple Access Channel）层，DSRC 使用 IEEE 802.11p（IEEE 802.11/WiFi 的改进版）提供车载环境下的无线接入。在协议栈中间位置，

DSRC 采用一套 IEEE 1609 工作组定义的标准：1609.4 用于信道切换，1609.3 用于网络服务，包括 WAVE 短消息协议 WSMP（Wave Short Message Protocol），1609.2 用于安全服务。

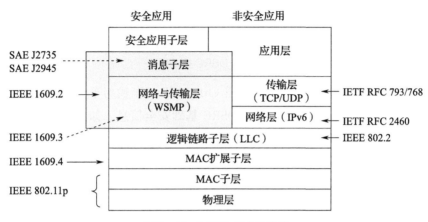

图 9-12　DSRC 技术的协议

DSRC 还支持在网络和传输层使用 IPv6 协议、UDP（User Datagram Protocol）用户数据报协议和 TCP（Transmission Control Protocol）传输控制协议，以支持接入 Internet 的需求。在具体通信过程中，选择使用 WSMP 还是 IPv6、UDP、TCP 协议取决于应用程序给定的要求。单跳消息，例如以碰撞预防为基础的应用，通常使用通信效率高的 WSMP，多跳数据包可使用 IPv6 的路由功能。

在协议栈顶部，SAE J2735 标准指定了固定的消息格式来支持各种基于车辆的应用程序，其中最重要的消息格式是基本安全消息，它传达了重要的车辆状态信息来支持 V2V 安全应用程序。频繁发送 BSM（Backward Set-up Message）的车辆可以互相追踪周边其他车辆的运动状态，通过具体算法分析行为轨迹来防止潜在的碰撞。SAE J2945.1 标准中对通信最低性能要求标准有详细说明，需要解决的主要问题在于 BSM 传输速率和功率、BSM 数据的准确性以及信道拥塞控制。

此外，美国联邦通信委员会（Federal Communications Commission，FCC）已经将 5.850～5.925GHz 的 5.9GHz 频带分配给了 DSRC 通信，这段频谱包含了 7 个 10MHz 的信道和在最底部预留一个 5MHz 的保护间隔，并指定了每个信道是服务信道（Service Channel，SCH）还是控制信道（Control Channel，CCH），如图 9-13 所示。其中，两个 10MHz 的信道也能组合成 20MHz 的信道。美国在有关 DSRC 的测试中大多使用 10MHz 信道，测试显示，这种带宽很适合在汽车环境中所遇到的延迟和多普勒频移。信道拥塞问题能通过提升到 20MHz 的信道容量来解决，虽然 20MHz 能降低碰撞概率，但传输一个给定调制方式和编码方式的帧在 10MHz 信道上的花费只有 20MHz 上的一半，此外一个 20MHz 的信道在一个给定的背景频谱下会产生更多的噪声。

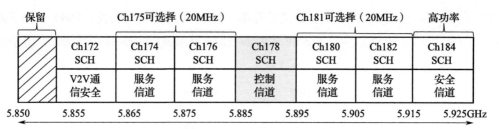

图9-13　DSRC 技术频谱

在车辆正常运行中，每辆车都会在信道 Ch172SCH（车辆与车辆间公共安全专用服务频道）中，以 10～20 次/s 的频率，交互 DSRC 基础安全信息。如果遇到紧急情况，紧急信息则会在信道 Ch184SCH（交叉路口公共安全专用服务频道）中，以更高的优先级进行传播。每一条基础安全信息都包含两部分信息：第一部分信息是强制性信息，包括位置、速度、方向、角度、加速度、制动系统状态和车辆尺寸；第二部分是可选信息，例如制动防抱死系统状态、历史路径、传感器数据、方向盘状态等。

6）DSRC 技术的芯片发展。虽然 DSRC 技术的研发时间较为长久，相关的技术也较为成熟，但能够提供 DSRC 芯片方案的研发企业却并不多。在 DSRC 技术发展过程中，日本厂商在跟随美国技术路线上一向比较积极，东芝、瑞萨和阿尔卑斯等很多公司都推出过 DSRC 芯片方案，但是市场的接受度不高。市场上接受程度较高的还是高通（含 Atheros）、恩智浦和 Autotalks 的方案。此外，除了恩智浦只专注于 DSRC 技术之外，其余厂商大都是集合 DSRC 和 C－V2X 技术，例如高通和 Autotalks 都推出了同时支持 DSRC 与 C－V2X 的单芯片系统，如图9－14 所示。

图9-14　DSRC 主流芯片研发企业

7）DSRC 技术的车辆案例。DSRC 作为一种无线通信方式，在 ETC 系统中，具有传输速度快（1Mbit/s）、受干扰程度小（专用通信频段 5.8GHz）、安全性好（伪随机加密算法）等特点，可以灵活地将路侧设施和车辆联系起来，实现路侧设施和车辆信息双向实时传输。基于这些特点，DSRC 在 ITS（Intelligent Traffic System）的许多子系统中得到应用，如先进的公共运输系统（APTS）、商用车辆营运系统（CVOS）、先进的交通信息系统（ATIS）和先进的交通管理系统（ATMS）等。目前，专用短程通信系统已经被广泛地应用于 ITS 的各个方面，如图 9 – 15 所示。

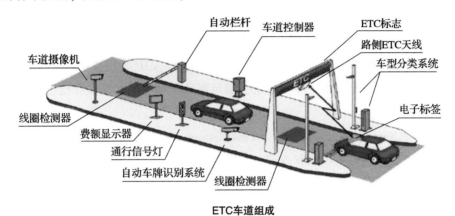

图 9 – 15　DSRC 技术 ETC 电子收费实例

DSRC 技术的应用如下：

①电子收费：通过微波或红外无线读写识别设备对通过 ETC 车道的车辆实行车辆自动识别和不停车自动收费，减少停车时间，提高通行能力；此外还可以对收费停车场进行自动记时和自动收费，使收费过程更加方便、快捷、安全和易于管理。

②提供道路交通信息：利用 DSRC 系统的双向交互功能，向交通信息中心提供各处的交通信息，中心对信息进行处理。

③车辆监管及防盗功能：对车辆的车主、车型以及牌照等相关信息进行登记，DSRC 系统可以实现对车辆的实时管理。在主要路口、收费站安装路边设备，当被盗车辆通过这些路口时，就可以被专用短程通信系统发现。

④公共交通管理：采用 DI 编码方式实现运营车辆定位，将车辆的位置数据传输到公交调度中心，实现运营车辆与指挥调度中心的实时通信，根据车辆运营状态的信息实现车辆的优化调度和管理。

⑤提供信息服务：为乘客提供乘车线路、车票费、发车时间等信息，为驾驶员提供与公交有关的实时拥堵、可利用的停车空间等信息，从而提高公共交通的舒适性、安全性和通畅性，有效地管理公共交通并采集公交数据信息。

在实际应用推广上，通用已经在量产车凯迪拉克 CTS 上搭载 DSRC 技术，丰田则从 2016 年就开始销售具备 DSRC 技术的皇冠和普锐斯，销量已经超过 10 万辆。

（2）C – V2X 技术路线

C – V2X 是由 3GPP 定义的基于蜂窝通信的 V2X 技术，它是 DSRC 技术的有力补充。C – V2X技术在随着通信技术不断发展的过程中（4G 转向 5G），也正在经历着从 LTE –

V2X 到 NR – V2X 的演变。相较于 LTE – V2X 技术，NR – V2X 技术则可支撑面向自动驾驶的高级应用，典型应用场景包括意图共享、感知共享、车辆编队、协同驾驶、远程驾驶等。NR – V2X 借助 5G 网络高速度、低功耗、低时延、大带宽和安全等技术特性，能够满足上述高级应用在复杂环境中对可靠性、数据率、延时等关键指标的要求。

LTE – V2X 是基于对 LTE – D2D（device-to-device）通信的物理层和高层进行增强，通过我国现有部署的 LTE 网络设施，使 V2V、V2N、V2I、V2P 等信息功能的通信得以实现，这项技术能适应于更复杂的安全应用场景，满足现阶段对车联网设备低延迟、高可靠性的要求。

NR – V2X（Next Generation-Radio Access Network Vehicle To Everything）在 LTE – V2X 的基础上对系统设计进行了增强和改进，可以满足面向自动驾驶的多元化高级业务对吞吐量、延时、可靠性等技术指标的要求。同时，NR – V2X 系统设计也考虑与 LTE – V2X 共存的场景，两种技术互利共存。

1）C – V2X 技术的优缺点。具体如下：

优点：C – V2X 作为后起之秀，在通信范围、容量、车辆移动速度、抗干扰性等各方面的性能，全面优于 DSRC。根据福特公司和高通公司在美国密歇根 Fowlerville 试验场进行的对比测试的结果显示，LTE – V2X 在通信距离（无遮挡及有遮挡两种环境）、抗干扰能力等方面的性能，是 DSRC 的 2 ~ 3 倍。此外，C – V2X 还具备未来可支持自动驾驶的演进路线的优势。

缺点：相较于 DSRC 技术，C – V2X 技术还不够成熟，相关的核心产业，如车载芯片研发还不够成熟；相关的标准协议也有待进一步完善统一。

2）C – V2X 的通信方式。C – V2X 可支持的工作场景既包括有蜂窝网络覆盖的场景，也包括没有蜂窝网络部署的场景。落实到具体的通信技术而言，C – V2X 可提供两种通信，分别称为直连通信（采用 PC5 接口）和蜂窝通信（采用 Uu 接口），如图 9 – 16 所示。

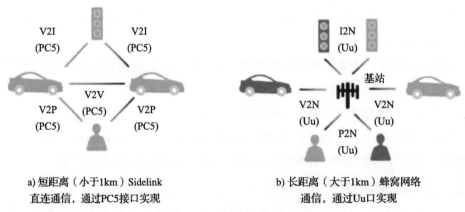

a) 短距离（小于1km）Sidelink   b) 长距离（大于1km）蜂窝网络
直连通信，通过PC5接口实现   通信，通过Uu口实现

图 9 – 16　C – V2X 的通信方式

①直连通信：一种支持直连通信的设备，包含车载终端和 RSU、人与车之间直接通信的方式，其中空中接口称为 PC5 接口，采用车联网专用频段（如 5.0GHz），实现车车、车路、车人之间直接通信，时延较低，支持的移动速度较高，但需要有良好的资源配置及拥塞控制算法。

C – V2X 在 PC5 接口传输的信息是 BSM（basic safety message）信息，BSM 信息为 V2X 最基础的消息，主要包含位置、速度、时间、导频、调度和 ID 信息。BSM 信息有两种分组类型：第一种为 190B，包含除了 ID 信息外的其他信息；第二种为 300B，包含全部信息。LTE – V2X 终端设备发送数据频率为 10Hz（主频段不发生改变，每辆车每秒发送 10 次消息），周期 100ms。每隔 4 个 190B 数据分组后发送 1 个 300B 数据分组。

②蜂窝通信：一种 RSU 或车载终端与基站之间的上/下行链路通信方式，其中对应的空中接口称为 Uu 接口，其采用蜂窝网频段（如 1.8GHz），基于 Uu 接口的工作模式可以是单播，也可以是多播 MBMS（Multimedia Broadcast Multicast Services）方式。UE 可以分别使用这两种工作模式进行接收和发送信息。

3）C – V2X 的系统组成。以下分别介绍 LTE – V2X 和 NR – V2X 的系统结构：

①LTE – V2X 技术系统结构：如图 9 – 17 所示，图中上半部分为传统 LTE 系统的通信架构，LTE 系统被划分为无线接入网（E – UTRAN）和核心网（EPC）。

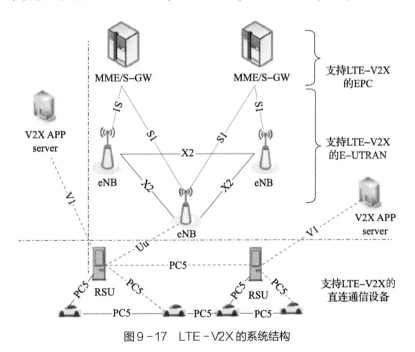

图 9 – 17　LTE – V2X 的系统结构

a）演进型基站（Evolved Node B，eNB）与移动性管理实体（Mobility Management Entity，MME）和业务网关（Serving Gate Way，S – GW）之间通过 S1 接口（S1 接口是 LTE eNB 与 EPC 之间的通信接口）相连，组成核心网。核心网基础设施需要提前部署，可以通过网络切片实现动态部署，具有数据吞吐量大的特点。

b）eNB 与 eNB 之间通过有线传输 X2 接口相连（X2 接口是 E – UTRAN 中两个 eNB 之间的逻辑接口，支持数据和信令的直接传输），基站和基站可以进行数据的传递，利用边缘计算进行任务的分配，保证基站的计算能力。

c）LTE – V2X 中路侧单元（Road Side Unit，RSU）可通过直通链路空口（PC5 接口）与 LTE – V2X 车载终端和其他 RSU 通信，LTE – V2X 中 RSU 也可通过空中接口（Uu 接口）与支持 LTE – V2X 的演进型基站 eNB 相连，并通过 eNB、核心网实现与系统中其他 RSU 的通信。其中直通链路空口通信距离较短，信息量少，必须事先配置好，不能进行动态调配。相比而言空中接口通信距离较远，信息量大，可以实现动态的调配。

②NR – V2X 技术系统结构：后续演进的 NR – V2X 技术在系统结构上继承了 LTE – V2X 的结构，没有较大的改变，只是相关的通信设备需要支持更高的信息吞吐量、计算力和计算效率等，如图 9 – 18 所示。eNB 演变为 MgNB 和 SgNB（主、辅 5G 基站 Generation NodeB），EPC 转变为 5GC（5G 核心网）。

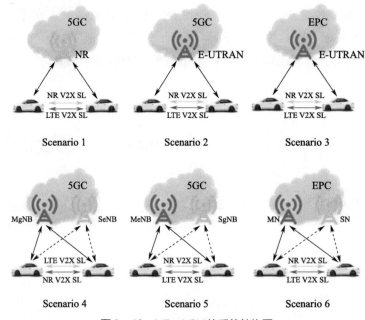

图 9 – 18　NR – V2X 的系统结构图

NR – V2X 架构分为 standalone（单连接）和 MR – DC（Multi-rat dual Connectivity，多收发双连接），单连接只连接一个网络基站，双连接连接两个网络基站。双连接中与核心网有控制连接的"网络"叫作主小区组（Master Cell Group，MCG），和无线接入网连接的"网络"叫作辅小区组（Secondary Cell Group，SCG）。其具体包括 6 种场景：场景 Scenario 1、2、3 为 standalone（单连接），场景 4、5、6 为 MR – DC（多收发双连接）。

4）C – V2X 通信架构。LTE – V2X 中基于 PC5 和 Uu 的 V2X 通信架构如图 9 – 19 所示。

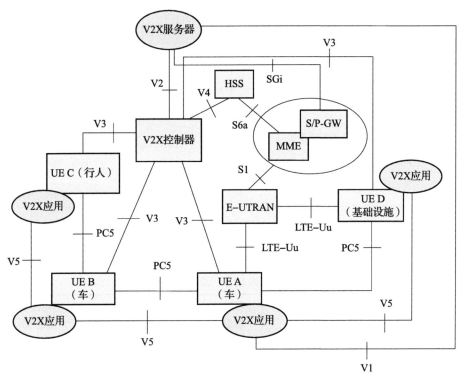

图 9 - 19 基于 PC5 和 Uu 的 V2X 通信架构

车联网涉及的接口单元众多，具体解释见表 9 - 3。

表 9 - 3 LTE - V2X 车联网接口网元

V1 接口	UE 和 V2X 应用服务器之间的接口
V2 接口	V2X 应用服务器和 V2X 控制器（V2X Control Function）之间的接口
V3 接口	UE 和归属 PLMN（Public Land Mobile Network，公共陆地移动网络）中的 V2X 控制器之间的接口
V4 接口	运营商网络中 HSS（Home Subscriber Server，用户归属地服务器）和 V2X 控制器之间的接口
V5 接口	V2X 应用服务器和 V2X 应用服务器之间的接口
V6 接口	不同 PLMN 中的 V2X 控制器间的接口
S6a 接口	MME 和 HSS 之间的接口
S1 - MME 接口	MME 和 eNodeB 之间的通信接口

5）C - V2X 技术协议作用及发展。如图 9 - 20 所示，C - V2X 主要经历三个阶段的发展：R14 阶段的 LTE - V2X 标准进展、R15 阶段的 LTE - eV2X 标准以及目前 R16 阶段的 NR - V2X 标准。以下将进行相关标准协议的详细介绍。

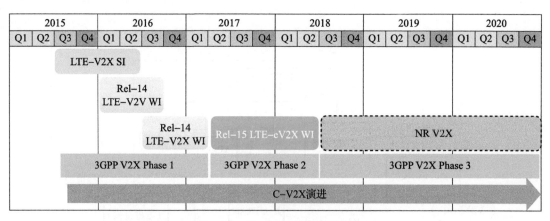

图9-20　C-V2X技术协议发展

①LTE-V2X标准发展：具体见表9-4。

表9-4　国内LTE-V2X协议发展

标准分类	标准名称	标准等级	标准组织	状态	对应C-V2X协议栈中的部分
总体技术要求	合作式智能运输系统专用短程通信 第1部分：总体技术要求	国家标准	TC/ITS 和 CCSA	2014年12月发布	总体构架
	基于LTE的车联网无线通信技术总体技术要求	行业标准	CCSA	完成送审	涵盖各层要求
	基于LTE的车联网无线通信技术总体技术要求	团体标准	C-ITS	2017年12月发布	涵盖各层要求
	基于ISO智能交通系统框架的LTE-V2X技术规范	团体标准	C-ITS	2017年12月发布	对应ISO协议栈各层
接入层	基于LTE的车联网无线通信技术空中接口技术要求	行业标准	CCSA	完成送审	对应空口控制面和用户面协议
	基于LTE的车联网无线通信技术空口技术要求	团体标准	C-ITS	2017年12月发布	对应空口控制面和用户面协议
网络层	合作式智能运输系统专用短程通信 第3部分：网络层及应用层规范	国家标准	TC/ITS 和 CCSA	完成送审	分别对应基于IP和基于非IP传输
应用层	合作式智能运输系统专用短程通信 第3部分：网络层及应用层规范	国家标准	TC/ITS 和 CCSA	完成送审	对应应用层消息集
	合作式智能运输系统通信系统应用层及用户数据交互标准	团体标准	SAE-C 和 C-ITS	2017年12月发布	对应应用层消息集合参考实现
	面向自动驾驶的通信需求	团体标准	C-ITS	2017年12月发布	对应高级别自动驾驶应用
安全	基于LTE的车联网通信安全技术要求	行业标准	CCSA	完成征求意见	对应通信安全认证协议等

②LTE-eV2X 标准进展：LTE-eV2X 是指支持 V2X 高级业务场景的增强型技术研究阶段（R15），目标在保持与 R14 后向兼容性要求下，进一步提升 V2X 直通模式的可靠性、数据速率和时延性能，以部分满足 V2X 高级业务需求。标准 TS 22.886 中已经定义了 25 个用例共计 5 大类增强的 V2X 业务需求，包括基本需求、车辆编队行驶、半/全自动驾驶、传感器信息交互和远程驾驶。

③NR-V2X 标准进展：该阶段是指基于 5GNR 的技术研究阶段（R16+），用于支持 V2X 的高级业务场景。NR-V2X 与 LTE-V2X 在业务能力上体现差异化，NR-V2X 在支持更先进业务能力同时，也结合 LTE 能力，考虑对 LTE-V2X 进行增强。

如图 9-21 所示，C-V2X 标准体系遵从 OSI 参考模型的分层，大致可分为物理层、接入层、网络层、消息层和应用层；在纵向上又有与之配套的网络安全标准、系统级标准、测试标准以及 V2X 相关的法律法规。

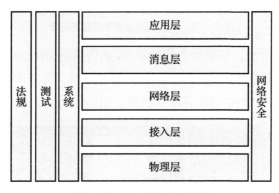

图 9-21　C-V2X 标准体系

6）C-V2X 芯片及相关产业发展。汽车电子电气系统可以分为车身域、动力总成域、底盘域、信息娱乐域、辅助驾驶域、网关和 T-Box 几个部分。每个域有着各自的域控制器，通过车载以太网互联。

中控芯片主要由图形处理器、多媒体、图像处理、安全（Security）管理、功能安全（Safety）、片上调试和总线等子系统构成。图中芯片采用 A76、A55、Mali 的 GPU，以及采用最新 ARM 处理器 Cortex-A75、Mali G52/G31 图形显示核心。在安全方面采用 Cortex-R 系列处理器，多媒体采用 Mali-C71、Mali-C76、AIPU 等处理器。为了保证系统的安全，每个主设备和总线之间都加了一个 MMU600，相较于防火墙更有利于满足虚拟化的要求。

C-V2X 技术的研发需要企业、社会等多方面的配合如图 9-22 所示。

在通信芯片研制方面，国内芯片企业目前主要包括大唐、华为等。大唐电信已发布 PC5 Mode 4 模式的 LTE-V2X 测试芯片模组；华为也已发布了支持包括 LTE-V2X 在内的多模 4.5G LTE 调制解调芯片 Balong 765。国际芯片企业包括高通、英特尔、三星也发布了各自的芯片提供计划。在通信模组方面，大唐、华为等芯片企业都将提供基于各自芯片的

图9-22 C-V2X技术相关技术企业

通信模组，如图9-23所示。目前华为最新的5G通信模组MH5000高度集成了5G与C-V2X技术，采用5G基带芯片Balong5000，具备单芯多模、高速率、上下行链路解耦、支持SA（5G独立组网）和NSA（5G非独立组网）双模组网、支持C-V2X等特性。

图9-23 大唐高鸿车规级通信模组及华为5G通信模组

在终端与设备方面，当前国内企业包括大唐、华为、东软、星云互联、千方科技、车网互联、万集科技等均可提供支持LTE-V2X的OBU和RSU通信终端产品；东软提供包括硬件开发套件、面向量产V2X-ECU、网络协议栈、SDK、应用示例；千方科技提供感知与控制交通设施数据的路侧协同控制机、管理服务平台等。如图9-24所示，大唐高鸿已经研发出可以量产的C-V2X双模组路测终端以及C-V2X车载终端VBOX。

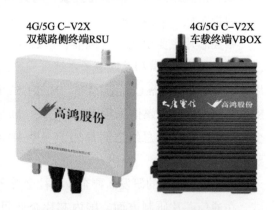

图9-24 大唐高鸿C-V2X路测终端

而在通信基站方面，华为已推出测试用LTE-V2X基站。一汽、上汽、江淮汽车、长城汽车等厂商实现了LTE-V2V、V2I、V2P应用，并与东软、大唐、ALPS、大陆等合作进行了示范演示；江淮汽车还搭建了车联网大数据分析平台，实时采集 V2X 数据，为智能辅助驾驶提供决策支持；深圳元征科技可以提供安全应用和后台服务应用的整体解决方案。

在运营与服务方面，国内三大电信运营商均大力推进 C – V2X 业务验证示范。中国移动实现了基于 LTE – V2X 的车车网联和协同智能应用，包括紧急制动、超车警告、路口防碰撞、红绿灯车速引导、路口信息推送到车等；中国联通展示了多场景融合的蜂窝车联网（C – V2X）应用解决方案，包括面向驾驶安全的车 – 人防碰撞预警、车 – 车防碰撞预警、面向交通效率的绿波带通行、自适应车队等业务；中国电信则重点开发了公交优先应用及停车导引应用。

在测试验证方面，中国信息通信研究院具备完备的无线通信测试验证环境，已支持开展 C – V2X 终端设备的功能、性能和协议一致性测试。上海无线通信研究中心研发并提供基于 C – V2X 的 SDR 仿真验证算法；罗德与施瓦茨公司已经推出并展示满足 3GPP R14 标准的 LTE – V2X 终端测试综测仪，提供 GNSS 信号和 LTE – V2X 无线链接下的数据收发测试；中汽研可提供城市场景测试环境和开放道路场景测试环境设计、C – V2X 应用功能测试规范设计；中汽研汽车检验中心可以提供研发验证及测试评价服务，并支持整车环境下车载终端在蜂窝移动通信频段、全球卫星导航频段和车间通信频段的测试检测。

在高精度地图服务方面，国内主要地图商如高德、百度、四维图新等，均致力于高精度地图的采集与制作，并为行业提供高精度地图服务。

7）C – V2X 技术的车辆案例。在实际应用中，C – V2X 可运用于智能城市的建设中，可以实现智能汽车的编队行驶、车车数据交互、多传感融合边缘计算、弱势交通参与者识别与保护、动态限速、交叉路口碰撞预警、紧急车辆优先通行和协作式自动驾驶等功能，如图 9 – 25 所示。通过终端设备、路测设备和交通大脑等设备，可实现 C – V2X 的数据通信，进而实现协同智能功能。

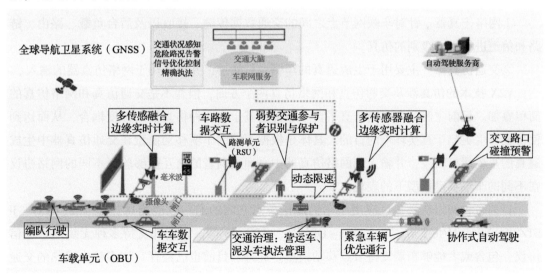

图 9 – 25　C – V2X 的实际应用场景

8）C－V2X 参与程度的层级划分。等级分级原则是基于 C－V2X 为车辆提供交互信息的数量、层级、可靠性、感知冗余以及 C－V2X 参与协同控制的程度，可将车辆网联化划分为三个层级，见表 9－5。

①网联辅助信息交互：基于 V2I、V2N 通信，实现导航、道路状态、交通信号灯等辅助信息的获取以及车辆行驶与驾驶员操作等数据的上传。

②网联协同感知：基于 V2V、V2I、V2P、V2N 通信，实时获取车辆周边交通环境信息，与车载传感器的感知信息融合，作为自主决策与控制系统的输入。

③网联协同决策与控制：基于 V2V、V2I、V2P、V2N 通信，实时并可靠获取车辆周边交通环境信息及车辆决策信息，车－车、车－路等交通参与者之间信息进行交互融合，形成车－车、车－路等交通参与者之间的协同决策与控制。

表 9－5　C－V2X 参与程度的层级划分

网联化等级	等级名称	车辆控制	典型场景	典型信息	传输要求
1	网联辅助信息交互	人	交通信息提醒、车载信息娱乐服务、ecall 等	地图、交通流量、交通地铁、交通标志、油耗、里程等静态信息	传输实时性、可靠性要求较低
2	网联协同感知	人与自车	道路湿滑提醒、紧急制动预警、特殊车辆避让等	周边车辆/行人/非机动车位置、信号灯位置、道路预警等动态数字化信息	传输实时性、可靠性要求较高
3	网联协同决策与控制	人/自车/他车/云		车－车、车－路、车－云间的协同控制信息	传输实时性、可靠性要求较高

9）V2X 相关仿真平台。V2X 仿真平台的构建离不开两大基本组件：

①网络仿真器：针对车联网节点之间的交通数据传输、接收以及后台负载、路由、链路和信道进行报文级别的仿真。

②交通仿真器：主要用于生成逼真的车辆运行轨迹，并将其用于网络仿真器的输入。

V2X 技术的仿真涉及交通仿真和网络仿真两个方面，但并不是交通仿真和网络仿真的简单叠加。目前主流的车联网仿真平台一般都是基于这两种仿真器的深度耦合，从而达到使仿真环境更趋于真实环境的目的。具体是根据不同的车辆移动模型在交通仿真器中生成逼真的车辆运行轨迹，并输入到网络仿真器中，通过两者的交互能够验证不同的网络协议在不同的车辆移动模型下的表现。

目前多种网络仿真器可应用于车辆通信节点之间的通信性能测试，如 NS2、NS3、JiST/SWANS、oMNeT++、QualNet、OPNET、GTNetS 等，它们都支持多种无线网络通信协议，包含或者能够拓展支持节点移动模型。此外，目前也已经存在许多较为成熟的交通仿真器，如 SUMo、VISSIM、PARAMICSt、Trans Modeler、TRANSIM、CORSIM。目前很多流行的车联网仿真平台都是基于上述仿真器开发的，但这些仿真平台却对如何将两种仿真器进行深度耦合有着不同的解决方案。根据耦合思路的差异，常见的车联网仿真平台分为分离式、嵌入式、联合式、集成式四类。图 9－26 所示为银石立方科技（北京）有限公司提供的仿真软件场景案例。

图 9－26　银石立方科技 （北京） 有限公司仿真场景案例

三、V2X 应用案例

1. 系统应用案例

（1） 紧急制动预警 （EBW）

如图 9－27 （左） 所示，当前方车辆紧急制动时，系统会将这一信息通过短程无线通信广播出来，若本车检测到与前车存在碰撞风险时系统将对驾驶者进行预警。

（2） 异常车辆提醒 （AVW）

如图 9－27 （右） 所示，当前车在行驶中打开危险警告灯或静止或慢速时，本车通过V2X 功能识别出其属于异常车辆，若可能影响本车行驶路线时，系统会对本车驾驶员提醒。

图 9－27　紧急制动预警 （左） 和异常车辆提醒 （右）

（3）车辆失控预警（CLW）

如图9-28（左）所示，当前方车辆出现制动防抱死系统（ABS）、车身稳定性系统（ESP）、牵引力控制系统（TCS）功能触发时，本车通过V2X的信号识别出前车是否属于失控车辆，如可能影响自身行驶路线时，系统会对本车驾驶员进行提醒。

（4）交叉路口碰撞预警（ICW）

如图9-28（右）所示，本车驶向交叉路口时，若与驶向同一路口的其他车辆存在碰撞威胁，系统将对本车驾驶员进行预警。

图9-28　车辆失控预警（左）和交叉路口碰撞预警（右）

（5）道路危险状况提示（HLW）

如图9-29（左）所示，当道路存在危险状况时（深坑、前方急转等），附近路侧单元对外发布信息，提醒途经的车辆及时采取避让措施。

（6）限速预警（SLW）

如图9-29（右）所示，若超出限定速度，系统将对驾驶者进行预警提醒减速行驶。

图9-29　道路危险状况提示（左）和限速预警（右）

（7）绿波车速引导（GLOSA）

如图9-30所示，当车辆驶向信号灯控制的交叉路口时，系统能根据路侧单元发送的道路数据及信号灯实时数据，给予驾驶者建议车速以便车辆能够顺畅地通过路口，减小停车或等待的概率。

图9-30　绿波车速引导

2. 防撞预警系统分析

防撞预警系统需要根据采集的车辆和交通信息，辨识交通冲突，及时对驾驶员进行预警提示或者介入车辆的操控，从而避免事故发生，保障行车安全。在高速行驶的交通环境中，如果检测到有危险事故，留给驾驶员的应急时间不够，为了有效地做到危险事故的提前预警，对通信性能的要求包括：能够快速接入，具有低时延、高可靠、高实用性和高安全性，可以在高速移动的情况下完成通信任务等。

（1）前向碰撞预警（Forward Collision Warning，FCW）

主车（HV）在车道上行驶，与在正前方同一车道的远车（RV）存在追尾碰撞危险时，FCW 应对 HV 驾驶员进行预警。FCW 可以辅助驾驶员避免或减轻前向碰撞，提高道路行驶安全。

FCW 包括图 9 – 31 所示的四种主要场景：①HV 行驶，RV 在 HV 同一车道正前方停止；②HV 行驶，RV 在 HV 相邻车道前方停止；③HV 行驶，RV 在 HV 同一车道正前方慢速或减速行驶；④HV 行驶，HV 视线受阻，RV – 1 在 HV 同一车道正前方停止。

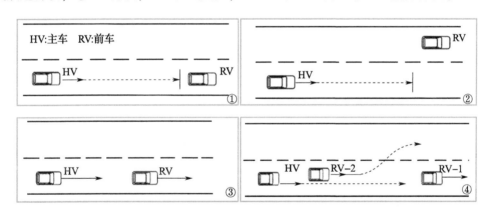

图 9 – 31　FCW 包括如下主要场景

（2）防撞预警系统的基本原理

HV 在行驶过程中，若与同一车道前方 RV 存在碰撞危险时，FCW 应对 HV 驾驶员进行预警。触发 FCW 功能的 HV 和 RV 位置关系如图 9 – 32 所示，其中 HV 和 RV 在同一车道，RV 在 HV 的前方。该应用在直线车道或曲线车道均有效。

防撞预警系统在其通信过程中，需要遵循相关的通信协议标准。在通信方式中，防撞预警系统遵循《基于 LTE 的车联网无线通信技术消息层技术要求》进行广播式的消息交互。消息的发送采用的是广播机制，无特定的接收对象，在通信可达范围内的交通参与者均可以接收到相应的消息。防撞预警系统的信息传递遵从 LTE 的车联网无线通信技术的消息层框架协议，如图 9 – 33 所示。

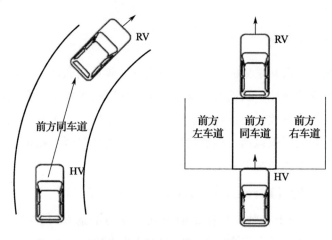

图9-32 HV和RV位置关系

图9-33 基于LTE的车联网无线通信技术消息层框架

在消息传递的过程中，消息层数据满足 ASN.1 标准定义，遵循"消息帧—消息体—数据帧—数据元素"层层嵌套的逻辑进行制定。数据集交互的编解码方式遵循非对齐压缩编码规则（UPER）。消息层数据集主要由 1 个消息帧格式、5 个最基本的消息体以及相应的数据帧和数据元素组成，如图 9 – 34 所示。消息帧是单个应用层消息的统一打包格式，是数据编解码的唯一操作对象。消息帧由不同类别的消息体组成，并支持扩展。

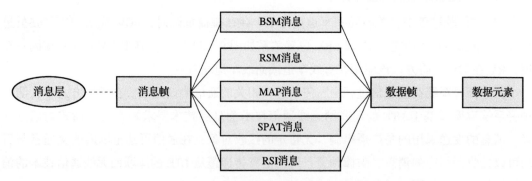

图9-34 基于LTE的车联网无线通信技术消息层数据集构成

在 HV 行驶过程中，若与同一车道前方 RV 存在碰撞危险时，FCW 会对 HV 驾驶员进行预警。预警的信息主要包括 Msg_BSM、Msg_MAP、Msg_RSI、Msg_RSM、Msg_SPAT 消息。

1）Msg_BSM 为车辆基本安全消息。车辆通过该消息的广播，在传递自身信息给周围车辆的同时也接收周围车辆的状态信息，以此支持一系列协同安全等应用。

2）Msg_RSM 为路侧安全消息。路侧单元通过路侧本身拥有的相应检测手段，得到其周边交通参与者的实时状态信息（交通参与者包括路侧单元本身、周围车辆、非机动车、行人等），并将这些信息整理成本消息体所定义的格式，作为这些交通参与者的基本安全状态信息（类似于 Msg_BSM），广播给周边车辆，支持这些车辆的相关应用。

3）Msg_RSI 消息适用于由路侧单元向周围车载单元发布的交通事件信息以及交通标志信息。该消息帧能够打包一个或多个交通事件信息或者交通标志信息，同时包含发送该消息的路侧单元编号以及参考位置坐标。车载单元在判定事件或标志的生效区域时，根据自身的定位与运行方向，以及消息本身提供的时效信息、关联区域/路段范围，来进行判定。路侧单元基于路侧传感器，帮助车辆对其周围的环境进行了探测，并将实时信息通过 Msg_RSM 消息传递给车辆。当接收到 Msg_BSM、Msg_RSM 和 Msg_RSI 信息后，HV 可以首先判断筛选出位于同一车道前方（前方同车道）区域的 RV。

4）Msg_MAP 为地图消息。由路侧单元广播，向车辆传递局部区域的地图信息，包括局部区域的路口信息、路段信息、车道信息，道路之间的连接关系等。

5）Msg_SPAT 为信号灯消息。它包含了一个或多个路口信号灯的当前状态信息，结合 MAP 和 Msg_SPAT 消息，为车辆提供实时的前方信号灯相位信息。地图消息可以为防撞预警系统提供全局的路径规划，辅助汽车减少碰撞概率。

当接收到 RV 消息，HV 的控制器将进一步筛选处于一定距离范围内的 RV 作为潜在威胁车辆，计算每一个潜在威胁车辆碰撞时间或防撞距离，筛选出与 HV 存在碰撞危险的威胁车辆。若有多个威胁车辆，则筛选出最紧急的威胁车辆，系统通过 HMI 对 HV 驾驶员进行相应的碰撞预警。

FCW 的基本性能要求见表 9-6，数据交互需求见表 9-7。

表9-6 FCW基本性能要求

主车车速范围	通信距离	数据更新频率	系统延迟	定位精度
0~130km/h	≥300m	≤10Hz	≤100ms	≤1.5m

表9-7 FCW数据交互需求

数据	单位	数据	单位
时刻	ms	位置（经纬度）	(°)
位置（海拔）	m	车头方向角	(°)
车体尺寸（长、宽）	m	速度	m/s
三轴加速度	m/s²	横摆角速度	(°)/s

1. V2X 的主要形式有哪些？

2. V2X 的通信方式有哪些？

3. V2X 的主要通信对象有哪些？

4. 协同智能主要优点有哪些？

5. DSRC 主要频道有哪些？

6. DSRC 主要组成有哪些？

7. DSRC 技术的常见芯片厂家有哪些？

8. C-V2X 技术的优点是什么？

9. LTE-V2X 技术系统结构包括什么？

10. C-V2X 标准体系遵从 OSI 参考模型可分为哪几层？

参 考 文 献

[1] 何娜. 工信部印发车联网（智能网联汽车）产业发展行动计划 [J]. 物联网技术, 2019, 9 (01)：3/5.

[2] 朱玉龙. 汽车电子硬件设计 [M]. 北京：北京航空航天大学出版社, 2011.

[3] 王芳荣, 王鼎. 汽车电工电子技术 [M]. 北京：清华大学出版社, 2009.

[4] 姜立标. 汽车传感器及其应用 [M]. 北京：电子工业出版社, 2013.

[5] 陈荫三, 余强. 汽车动力学 [M]. 北京：清华大学出版社, 2009.

[6] 中国汽车技术研究中心. 中国新能源汽车产业发展报告 [M]. 北京：社会科学文献出版社, 2015.

[7] 陈慧岩, 熊光明, 龚建伟. 无人驾驶汽车概论 [M]. 北京：北京理工大学出版社, 2014.

[8] 崔胜民. 智能网联汽车新技术 [M]. 北京：化学工业出版社, 2016.

[9] 南金瑞, 刘波澜. 汽车单片机及车载总线技术 [M]. 北京：北京理工大学出版社, 2005.

[10] 程增木. 智能网联汽车技术入门一本通 [M]. 北京：机械工业出版社, 2021.

[11] 程增木, 康杰. 智能网联汽车技术概论（彩色版配视频）[M]. 北京：机械工业出版社, 2021.

[12] 郑伟. 汽车自适应巡航系统控制策略研究 [D]. 西安：长安大学, 2019.

[13] 彭岳军. 道路交通标志检测与识别技术研究 [D]. 广州：华南理工大学, 2013.